Eine Bildreise

Die Eifel

Matthias M. Machan/Heinz Wohner/Ellert & Richter Verlag

Autoren/Literatur/Impressum

Matthias M. Machan, geb. 1965 in Wuppertal; Studium der Germanistik, Politik und Philosophie in Wuppertal und Köln. Seit 1987 arbeitet er als freier Journalist, Autor und PR-Texter für Zeitschriften, Kulturmagazine, Agenturen und Verlage. Vom Lokaljournalismus führte ihn der Weg über die Politik (Pressearbeit für Landes- und Bundesministerien) und die Pressestelle des Vorabendprogramms der ARD hin zum Wein- und Reisejournalismus. Seit Herbst 1996 ist er als Redakteur für die Fachzeitschrift „Gastrotel" in Köln tätig. Im Ellert & Richter Verlag erschienen von ihm die Bildreise „Die Pfalz" sowie der Führer „Sylt – Die 55 besten Restaurants".

Heinz Wohner, geb. 1957 in der Eifel, studierte Foto-Design in Dortmund. Als freiberuflicher Fotograf arbeitet er für Reisemagazine, Buch- und Kalenderverlage. Seine Arbeiten wurden u. a. in GEO, GLOBO, MERIAN und im ZEIT-Magazin veröffentlicht.

Titelfoto
Das pittoreske Monschau

Literatur:

HB-Bildatlas Eifel, Hamburg 1993
Kinkel, Gottfried: Die Ahr, Köln 1976
Kremer, Bruno P. (Hg.): Die Ahr. Erleben und Genießen, Köln 1996
Pippke, Walter/Pallhuber, Ida: Die Eifel. Entdeckungsreisen von Aachen bis zur Mosel, 8. Aufl., Köln 1994
Purpar, Rolf: Reisebuch Nordeifel, Aachen 1992
Wendt, Christoph: Reisebuch Südeifel, Aachen 1994

Text und Bildlegenden: Matthias M. Machan, Hilden
Fotos: Heinz Wohner, Dortmund
Bildredaktion: Anke Balshüsemann, Hamburg
Lektorat: Dorothee v. Kügelgen, Hamburg
Rüdiger Frank, Hamburg
Gestaltung: Büro Brückner + Partner, Bremen
Satz: KCS GmbH, Buchholz/Hamburg
Lithografie: Litho-Jankowski, Flensburg
Karte: GeoGraphic GmbH & Co. KG, München
Druck: Girzig+Gottschalk, Bremen
Bindung: Buchbinderei S. R. Büge GmbH, Celle

Bibliographische Information der Deutschen Bibliothek
Die Deutsche Bibliothek verzeichnet diese Publikation in der Deutschen Nationalbibliographie: detaillierte bibliographische Daten sind im Internet über http://dnb.ddb.de abrufbar.

ISBN 3-89234-622-4

4. Auflage 2005

Inhalt

Es ist Abend geworden an diesem Sonntag im Juni. Die Tages- und Wochenend-Ausflügler fahren ihrem Alltag entgegen, die Eifel gehört wieder sich selbst. Wer jetzt bei Daun auf dem schmalen Sattel, der das Weinfelder vom Schalkenmehrener Maar trennt, steht, teilt den Blick nur mit den Vögeln und den jetzt überall leuchtenden Ginsterbüschen, dem „Eifelgold". Ansonsten Stille. Ein wenig Melancholie liegt, beinahe greifbar, in der Luft. Der Blick schweift über das ruhige, dunkle Gewässer, über die schwarzen Ränder des Kessels hinauf zur Weinfelder Kirche am anderen Ufer. Einst soll hier das Dorf Weinfeld gestanden haben, dessen Einwohner im 16. Jahrhundert von der Pest hinweggerafft wurden. Geblieben ist außer der Kapelle und dem Friedhof nichts, was Menschenhände geschaffen haben. Nichts? Größere Mächte haben hier gewaltet: Die drei Dauner Maare gehören zum Schönsten, was der Vulkanismus hinterlassen hat. Heißes Magma traf auf Grundwasser, explodierte, schleuderte aber nur wenig vulkanisches Material ans Tageslicht. Der Boden brach ein, vulkanische Trichter entstanden, die sich im Lauf der Jahrtausende mit Regenwasser füllten. Rund 60 Maarkessel wurden bis heute entdeckt, viele sind verlandet oder versumpft, nur acht sind noch mit Wasser gefüllt: Sie werden „die Augen der Eifel" genannt. Versunkene Welten.

Wie die Vulkane. Rund 300 Zentren wurden in der Eifel ausgemacht. 60 in der Osteifel, 240 in der Westeifel. Der letzte Vulkanausbruch ist gerade einmal 8000 Jahre her und ließ das Ulmener Maar entstehen. In der Erdgeschichte ein Wimpernschlag. Der älteste Eifeler Maarkessel ist für den Laien nicht mehr erkennbar: Das Eckfelder Maar bei Manderscheid, unweit der Autobahn Koblenz-Trier, muß durch einen Vulkanausbruch im Tertiär entstanden sein. 50 Millionen Jahre ist das her. Für die, die sich von Berufs wegen mit den frühesten Spuren des Lebens auf der Erde befassen, den Paläontologen, ist das Eckfelder Maar eine Sensation. Schicht um Schicht arbeitet sich ein Forschungsteam des Naturhistorischen Museums Mainz durch die Erdgeschichte. Seit Beginn der Grabungen im Jahre 1987 konnten im ältesten Vulkankrater Europas 30 verschiedene Wirbeltierarten nachgewiesen werden. Ungezählt sind die Schnecken und Spinnen, Muscheln und Insekten, Blätter und Samen, die aus den Sedimenten freigelegt wurden. Kaum zu glauben: Käfer wurden hier gefunden, die heute noch so metallisch bunt schillern, wie vor 50 Millionen Jahren. Sensationellster Fund war der eines Urpferdes. Eine trächtige Stute, die vor Millionen Jahren hier ertrunken ist. Heute verirren sich – glücklicherweise –

Bei Gillenfeld, zwischen Manderscheid und Ulmen, liegt das Holzmaar. Entstanden ist es vor etwa 40 000 bis 70 000 Jahren. Der eigentliche Maarkrater ist relativ klein, die Röhrichtzone am Ufer schmal. Baden und Camping sind hier schon seit 1973 nicht mehr möglich.

nur die Wissenschaftler den schmalen Wirtschaftsweg ins Pellenbachtal hinab. Es fällt aber nicht schwer, sich vorzustellen, daß die Grabungsstelle in einigen Jahren Anziehungspunkt für den Fremdenverkehr sein könnte. Das Eckfelder Maar erzählt – wie ein aufgeschlagenes Buch – ein mitreißendes Kapitel der Erdgeschichte, zumal nur wenige Vulkangebiete auf der Erde durch Steinbrüche so gut aufgeschlossen sind wie in der Eifel.

Spuren, daß die Erde noch aktiv ist, gibt es hier zuhauf. Am Ostufer des Laacher Sees etwa treten Mofetten aus. Das sind Gasquellen vulkanischen Ursprungs, aus denen Kohlendioxyd entweicht. „Kein Grund zur Beunruhigung, in den nächsten Jahren passiert nichts", sagen die Wissenschaftler, die die Temperatur des größten Maarsees der Eifel regelmäßig messen. Dieses Phänomen tritt in der Eifel häufiger auf. Auch die Sumpfquelle Naßwies am Dorfrand von Oberehe deutet mit ihren Bläschen auf Gasaustritt hin, die Rüdersbach-Quelle am Reinertsberg ebenfalls. Allein in der Region um Daun gibt es rund 300 Kohlensäurequellen. Das wohl eindrucksvollste Beispiel läßt sich in Wallenborn beobachten: Im 35-Minuten-Takt braust und brodelt der „wallende Born", hebt den Wasserspiegel um einen halben Meter an. Das scheint geheimnisvoll, erinnert an die Geysire in Island. Die Erklärung ist einfach: Aufsteigende Kohlensäure entweicht aus einer unterirdischen Gasblase und sucht sich den Weg ins Freie. Würde Kohlendioxyd besteuert, der Eifel käme es teuer. Rund eine Million Tonnen Kohlendioxyd dringt jährlich aus den Eifelböden in die Atmosphäre. Das entspricht etwa 400 Betriebsstunden eines Kohlekraftwerks.

Die Eifel hat viele Gesichter, ist Sammelbegriff für ein rundes Dutzend Teillandschaften: Nord- und Vulkaneifel, Hohe- und Schnee-Eifel („Schneifel"), Hohes Venn und Wittlicher Senke, Maifeld und Bitburger Gutland, Ahr- und Kylltal. Heute ist die Region als Wander- und Kurzurlaubsziel en vogue, so manche Stadt schmückt sich mit dem Attribut „Tor zur Eifel". Das war nicht immer so. Wer vor noch nicht allzu langer Zeit beispielsweise in Bitburg oder Mayen nach der Eifel fragte, erntete höchstens ein Schulterzucken, verbunden mit dem Hinweis, daß die Eifel drei Stunden von hier entfernt beginne.

Heute ist sie leichter zu finden: Wer die Städte Köln, Aachen, Trier und Koblenz zum Viereck verbindet, hat die Eifel im Zentrum. Nach Osten bildet der Rhein die natürliche Grenze, nach Süden die Mosel. Die Grenze im Westen, zu Luxemburg und Belgien, wurde von Menschenhand gezogen, die nach Norden durch das Abfallen des Schiefergebirges zum Niederrheinischen Tiefland. Aus vergangenen Zeiten ist wenig Schmeichelhaftes zur Eifel überliefert. Kaiser Wilhelm II. wird nach einem Besuch in Gerolstein mit den Worten „zum Jagen hervorragend, für Manöver erstklassig, zum Wohnen unmöglich“ zitiert, für Baedeker war die Region ein „weißer Fleck“. Tacitus notierte: „Das Land ist kaum gewillt, Obstbäume zu tragen, zwar reich an Vieh, aber das ist meist wenig ansehnlich.“ Auch Goethe, der so mancher Landschaft ein literarisches Denkmal setzte, schien bei seinem Besuch am Laacher See im Juli 1815 wenig beeindruckt. Strenge Winter und Berichte über eine Wolfsplage erschreckten um 1838 die Bevölkerung. Die Rede von „Rheinisch Sibirien“ machte schnell die Runde. Wölfe gibt es heute nur noch im Adler- und Wolfspark an der Kasselburg bei Gerolstein. Und „Rheinisch Sibirien“? Von wegen. Zwölf Uhr mittag ist es, High-Noon im Eifel-Dorf Nideggen. Gnadenlos brennt an diesem Sommertag die Sonne vom Himmel, heizt die roten Buntsandstein-Fassaden des romantischen Burgdorfes auf. Kühl ist es nur an einem Ort: im Kerker der Burg …

Das Bild von Sibirien in rheinischen Landen haben indes andere schon längst korrigiert. Erst kamen die Geologen und staunten, dann die Literaten. Leopold v. Buch, Freiherr v. Gellmersdorf, einer der Väter der deutschen Geologie und Paläontologie schrieb im Jahre 1820: „Die Eyffel hat ihres Gleichen in der Welt nicht.“ Um die Mitte des vergangenen Jahrhunderts geriet dann eine Handvoll Bonner Professoren von den schwärmerischen Pfaden der Rheinromantik ab. Ernst Moritz Arndt, Karl Simrock oder Gottfried Kinkel wanderten das Ahrtal hinauf in die Eifel – und entdeckten eine alles andere als gesichtslose Landschaft. Kinkel machte auf seiner Ahrreise gar wundersame Erfahrungen: „Die rauhe Natur erquickte mich, und als ich im finstern Nebel die Kuppe der Acht und dreimal den Namen der Geliebten in die starre Felswildnis hinausgerufen hatte, da kehrte Jugendkraft und Jugendfeuer in mir zurück.“ Heute mehren andere den Ruf: Die Schriftstellerin Clara Viebig (1860–1952) etwa, deren Erstlingswerk „Kinder der Eifel“ eine unbestechliche – und nicht immer ganz bequeme – Schilderung der Natur und ihrer Menschen gibt. Oder der Maler Alfred Holler (1888–1954): Auch hier die realistische, manchmal etwas nüchterne Darstellung der Landschaft. Nicht romantisch, nie verklärend. Keiner jedoch hat den Charakter der Eifel so treffend mit dem Pinsel beschrieben wie der Maler Fritz von Wille (1860–1941). Der rote Faden zu seinem Œuvre ist gelb: Kaum ein öffentliches Gebäude, das auf seine Ginster-Bilder verzichten mag.

Auch das Mittelalter präsentiert sich in der Eifel überraschend lebendig. Überall recken sich Türme und Zinnen. Burg Nideggen ragt aus den weiten Wäldern zwischen Aachen und der Rur-Eifel heraus.

Oberhalb der Kyll thront die Kasselburg bei Pelm. Bekannter als ihre architektonischen Besonderheiten mit Bauteilen aus romanischer bis spätgotischer Zeit ist der Adler- und Wolfspark rund um die Festung.

Sicher, es ist nicht so, daß man über die touristischen Attraktionen stolpert. Trotzdem bietet die Eifel Aktivurlaub im besten Sinne. Da ist die Vulkaneifel mit ihren Maaren und Mineralquellen, mit den vulkanischen wie geologischen Phänomenen. Da ist das reizvolle Tal der Kyll, die großen, fjordähnlichen Stauseen, die prunkvolle Erlöserkirche in Gerolstein, die Burgen von Manderscheid, das fruchtbare Maifeld mit dem weithin sichtbaren Westwerk der Stiftskirche in Münstermaifeld, Brohl- und Ahrtal, der Nürburgring, Maria Laach und Burg Eltz. Das sind Burgen und Schlösser, Wald- und Wieseneinsamkeit, Refugien für Flora und Fauna.

Und wovon leben die Menschen? Das bürgerstolze Monschau etwa lebte im 18. Jahrhundert von der Tuchfabrikation, heute vom Tourismus. Wie so viele. Ferienparks entstanden, die man heute so nicht mehr bauen würde. Die Lenkung zum naturnahen, sanften Tourismus ist unübersehbar. Einst blühte in den Flußtälern die Eisenindustrie. Das ist Geschichte. Der Abbau der „vulkangeformten" Rohstoffe Bims, Basalt und Tuff bietet immer weniger Menschen Arbeit. Auch trifft die militärische Abrüstung die Eifel hart. Die US-Armee gab den Flughafen Bitburg auf, die Bundeswehr den Standort Ulmen. Da werden nicht nur Soldaten abgezogen, da geht auch Kaufkraft verloren. Und die Landwirtschaft? Die leidet unter dem EG-Diktat. Viele Vollerwerbsbetriebe gibt es nicht mehr. Der Bauer, der abends seine Kühe von der Weide ins Dorf treibt, ist seltener als die Reiterhöfe oder Fischzuchtbetriebe. Und dennoch hat sich vieles bewahrt, was dem Städter längst fremd ist: Das sind Begegnungen mit Imkern und Falknern, Glockengießern und Backofenbauern.

Auf einem alten Vulkan liegt die Ruine Nürburg aus dem 11. Jahrhundert. Wer den Bergfried der Burg besteigt, hat einen imposanten Ausblick aus 678 Meter Höhe über weite Teile der Hohen Eifel.

Das atlantische Klima mit schneereichen Wintern und nassen Sommern läßt beinahe nur Vieh- und Weidewirtschaft zu. Die Strohballen bei Oberweiler prägen die Kulturlandschaft. Noch! Denn die Landwirtschaft ist allerorten auf dem Rückzug.

An der Grenze zwischen Tag und Nacht, wenn Nebel und Dunst aus den Tälern und Mulden aufsteigen, gehört die Eifel sich selbst. Die nervösen Nebengeräusche der geschäftigen Welt blenden sich aus, machen Platz für Landschaftseindrücke, die sich in vielen Umwälzungen der Erdgeschichte über Jahrmillionen herausgeprägt haben. In der von Rhein, Maas und Mosel umflossenen Vulkanlandschaft teilt man in der Dämmerung – wie hier in der Hohen Eifel bei Nürburg – die Wege und Straßen mit Füchsen und Rotwild. Unvergeßliche Erlebnisse für einen Städter.

Die stillen Stars der Eifel sind die Maare, wie hier in Schalkenmehren. Diese in Europa einzigartigen Naturphänomene sind kraterförmige Vertiefungen, entstanden durch vulkanische Wasserdampfexplosionen. Die meisten Maare sind wegen Verlandung und Vermoorung allerdings schwer zu erkennen. Clara Viebig, die Heimatdichterin der Region, verklärte sie zu den „Augen der Eifel", an deren Rändern natürlich auch das Eifelgold, der Ginster, nicht fehlen darf.

Hier war – vor ca. 370 Millionen Jahren – einmal Südsee: Das Wahrzeichen Gerolsteins sind die steil aufragenden Felswände der Munterley und der benachbarte Auberg. In Urzeiten, im warmen Urmeer des Mitteldevons, traf man Bedingungen wie in der Südsee an. Die Äcker und Wiesen verbergen ein Meer von Fossilien. Der mitteldevonische Meeresboden, eine Spatenbreite unter der Ackerkrume, ist der Rest eines gewaltigen Korallenriffs. Das Buchenloch in der Munterley stellt wohl die bedeutendste prähistorische Wohnstätte in der Eifel dar. Die Gerolsteiner Ureinwohner jagten hier vor rund 30 000 Jahren Rentiere, Mammuts und Bären.

Früher war die Ahr – hier bei Mayschoß – das nördlichste und kleinste Weinanbaugebiet in Deutschland. Das ist seit der Wiedervereinigung Geschichte. Dafür werden die Weine – dank eines einzigartigen Mikroklimas und wärmespeichernder Böden – immer besser. Vier Fünftel der rund 520 Hektar Rebfläche sind mit Rotwein, Portugieser und Spätburgunder vor allem, bestockt. Die meisten Winzer pflegen ihre Reben nach Feierabend, liefern ihre Trauben in der Genossenschaft ab. Für den Ruf der Region sorgen eine Handvoll Spitzenbetriebe wie der Deutzerhof in Mayschoß, Stodden in Rech oder Adeneuer in Ahrweiler.

Das spannendste und bewegendste Stück Eifel-Geschichte schrieb die Erde selbst. Es begann lange Zeit bevor hier Menschen siedelten. Die Funde aus dem Eckfelder Maar erzählen, wie es damals war: Ein feuchtes, subtropisches Klima muß hier geherrscht haben. Am Ufer des aus dem Vulkan entstandenen Maares weiden Pferde, über die Berghänge erstrecken sich Palmen, Blütenpflanzen und Weinreben. Käfer summen, Krokodile lauern. Das liegt rund 45 Millionen Jahre zurück. Weitere 20 Millionen Jahre vorher waren die Dinosaurier von der Bühne der Evolution abgetreten, um den Säugetieren ihren Weg zu eröffnen.

Bis zum Horizont breiten sich flache, sanft geschwungene Hochflächen aus. Dann steigt die Schiefergebirgsscholle auf, entlang von Verwerfungen entsteht die Kölner Bucht. Das geht nicht lautlos vor sich: Diese Krustenbewegungen werden von einem lebhaften Vulkanismus begleitet. Der für Mitteleuropa folgenschwerste Vulkanausbruch, den schon einige Jäger in der Eifel miterlebt haben, liegt erst 10.000 Jahre zurück. Beim Ausbruch des Laacher-See-Vulkans wälzten sich gewaltige Tuff-Massen ins Neuwieder Becken, feine Aschen wurden bis in den Ostseeraum sowie an den Rand der Alpen geweht. Der Laacher Bimstuff ist heute eine beispiellose Zeitmarke. Man kann erschließen, wie die Landschaft aussah, als der Vulkan ausbrach, ja sogar mit Hilfe der Baumringdatierung den exakten Zeitpunkt der Naturkatastrophe bestimmen: 9080 v. Chr. Noch genauer? Die Eruption muß sich – die Fossilienfunde lassen dies vermuten – in der zweiten Julihälfte ereignet haben.

Die Geschichte der Eifel war jedoch nicht nur von der Natur abhängig. Der Mensch entschied über Krieg und Frieden. Und diese Entscheidungen fielen anderswo, immer außerhalb: in Trier oder Köln, Jülich oder Luxemburg, Berlin oder Paris, Aachen oder Rom. Immer war die Eifel (mit den Ardennen) ein geschlossener Landschaftsraum, nie jedoch eine politische Einheit. Bei den Kelten nicht (im Norden lebten die Eburonen, im Süden die Treverer), bei den Römern auch nicht (der Norden gehörte zur Provinz Niedergermanien mit der Hauptstadt Köln, *Colonia Agrippinensis,* der Süden zur Provinz Belgica mit dem Zentrum Trier, *Augusta Treverorum*). Jahrhundertelang setzten die Erzbischöfe von Köln und Trier diese Trennung fort. Daran hat sich bis heute nichts geändert. Der Norden gehört zu Nordrhein-Westfalen und wird vor allem als Erholungsraum für das Ruhrgebiet und die Rheinschiene wahrgenommen, der Süden zu Rheinland-Pfalz.

Die Ersten, die kamen, waren Jäger und Sammler, und die erschienen früher als

Noch heute haftet dem Laacher See, der eigentlich Maar heißen müßte, etwas Mystisches an. Mönche suchen in der Benediktiner-Abtei am Seeufer seit Jahrhunderten Stille und Einkehr, Konrad Adenauer tauchte hier vor seinen braunen Verfolgern unter.

sonstwo im Lande. Siedlungsspuren in einigen Kalksteinhöhlen lassen vermuten, daß das zu einer Zeit geschah, als östlich von Düsseldorf der Neandertaler in seinen Höhlen hauste. Zur Vor-Geschichte gehören auch die Kelten, die ein Jahrtausend lang für den Eifelraum prägend waren. Keltische Treverer lebten im Süden, keltische Eburonen im Norden. Im Jahr 54 v. Chr. steht Cäsar mit vier Legionen „ante portas" und die Eifel vor dem Eintritt in die Geschichte. Während die Treverer im Süden trotz des stark befestigten Zentrums des Ferschweiler Plateaus schnell die Waffen streckten, leisteten die Eburonen erbitterten Widerstand. 51 v. Chr. wurden sie jedoch vernichtend geschlagen, die Romanisierung des Landes zwischen Köln und Trier begann. Erst zauderte die keltische Bevölkerung, leistete hier und da noch Widerstand, assimilierte sich dann aber angesichts der ihnen überlegenen Kultur und Wirtschaft rasch. Diese brachte nicht nur Vorteile, sondern sogar bis 260 n. Chr. eine Blütezeit, wie sie die Eifel danach lange nicht mehr erleben sollte. Sicher, man war wieder einmal nur Randgebiet, die „Politik" wurde in Mainz, Trier und Köln gemacht. Trotzdem brachte die Zugehörigkeit zum Römischen Reich den Aufschwung: Bodenschätze wurden abgebaut, die besten Straßenbauer des Abendlandes waren gerade gut genug, um Verbindungen zwischen Köln und Trier zu schaffen. Militärposten sorgten für die Sicherheit auf den Straßen, Stützpunkte wurden zu Marktzentren. Bitburg ist so entstanden, Zülpich auch. Handelsniederlassungen und Siedlungsgebiete, Tempelbezirke und Thermalbäder wurden errichtet. Eine Meisterleistung römischer Ingenieurskunst ist der Bau der beinahe 100 Kilometer langen Wasserleitung von Nettersheim nach Colonia Claudia Ara Agrippinensis, dem heutigen Köln. Unter Ausnutzung des natürlichen Gefälles wurden Berge und Täler umgangen, Aquädukte gebaut. Wäre damals jemand an der Quelle der Wasserleitung, der römischen Brunnenstube „Grüner Pütz" am linken Ufer der Urft, auf die Idee gekommen, eine Kugel in die Leitung zu legen und ihr einen Schubs zu geben – sie wäre in Köln an der Berrenrather Straße angekommen. Lebensnotwendig war das Eifelwasser für die Römer in Köln nicht. Nein, es war ein Stück Luxus: Rund 20.000 Kubikmeter Wasser flossen täglich durch den „römischen Eifelkanal" ins antike Köln, das rund 300 Meter tiefer als die Brunnenstube lag.

Zeichen einer über 2000jährigen Kultur: Das Weinschiff in Neumagen-Dhron ist nur ein „Beleg" römischer Siedlungsspuren an der Mosel. Auch die Eifel wurde durch Handelswege mit einer lebhaften Infrastruktur überzogen.

Natürlich wurde ein großer Teil der Wasserleitung im Lauf der Jahrhunderte zerstört, unterirdisch jedoch ist noch einiges erhalten. Ausgrabungen sind inzwischen an 75 Stellen zu besichtigen. Als Stütze der Phantasie wurde bei Vussem ein Teil des Aquädukts (zwei von ehedem 13 Bögen) rekonstruiert, das hier ein kleines Tal überspannte. Wer im Rheinland zur Schule geht, kommt beim Klassenausflug nicht um dieses Ziel herum. Auch sonst müssen die Römer die Gegend um Nettersheim sehr geschätzt haben. Sichtbarstes Zeugnis ist der gallo-römische Tempelbezirk „Görresburg", der etwa vom Ende des 2. bis ins 4. Jahrhundert bestand. In diesem Heiligtum wurden Muttergottheiten, die „Matronae Aufaniae" verehrt. Mosaikfußböden (Villa Otrang bei Bitburg), Warm- und Heißwasserbäder, Fußbodenheizung, Loggien nach südländischem Vorbild: Die Römer brachten Glanz in die Eifel. Damit war es um die Mitte des 5. Jahrhunderts vorbei.

Die Franken drangen nach, errichteten Bauerndörfer und teilten das Land in Gaue ein. Das Zentrum der von ihnen vorzugsweise besiedelten Kalkmulden wurde der „Pagus Eflinsis" (Pagus = Dorf, Gau), der als Eifelgau ab 838 bald dem ganzen Land seinen Namen gab. Was der Name Eifel jedoch ursprünglich bedeutet, ist weiterhin rätseldunkel. Die Vermutungen – wissenschaftlich belegt ist keine – gehen vom prähistorischen „Akaunon" für hohes, steiles Land bis hin zu „Eiche-Ville" für Eichen-Ebene oder Ovele für Ulme. Die heutige Erklärung: Eifel bedeutet soviel wie Wasserland. Sprachliche Gründe und sachliche Vergleiche legen diese Vermutung nahe.

Zur Zeit der Christianisierung trugen vor allem Klöster zur Entwicklung der unbesiedelten Waldlandschaft bei. Die größte Ausstrahlungskraft hatten Echternach (gegründet 698) und Prüm (721). Durch umfangreiche Rodungen wurde Land erschlossen, Bauern und Handwerker siedelten sich an, Marktflecken entstanden.

Begünstigt wurde diese Entwicklung durch die Herrschaft der Karolinger. Sie regierten zumeist von Aachen aus, nicht wie ihre Vorgänger, die Merowinger, von Paris. Karl der Große nahm die Konzeption des römischen Reiches wieder auf, ließ sich in Rom im Jahre 800 zum Kaiser krönen. Die Eifel lag für den Herrscher vor der Haustüre, entwickelte sich zum Jagdrevier der Karolinger.

In den Wirren um die Dreiteilung des Karolingerreiches im Vertrag von Verdun (843) kam die Eifel an das fränkische Ostreich. Was dann folgte, war eine Epoche des Niedergangs. Der Tauschhandel drängte die Geldwirtschaft zurück, die Städte verloren an Bedeutung, das Lehnssystem und nicht zuletzt die Abgeschiedenheit vieler Eifel-Täler führten zu einer Zersplitterung der territorialen Einheit. Nirgendwo war der Flickenteppich auf der Landkarte so bunt wie in der Eifel. Kleine und kleinste Grafschaften, Klöster und Kirchengüter, Herzog- und Kurfürstentümer betrachteten das ihnen zur Verwaltung überlassene Gebiet als Eigentum. Heute waren sie verbündet, morgen schon wieder verfeindet, die Herren von Manderscheid, Blankenheim, Reifferscheid, Daun, Virneburg, Schleiden und Neuerburg. Der Bau von 140 Burgen ist sichtbarer Ausdruck dieser Zeit. Letztendlich wurden sie aber alle von den großen vier

Die spätgotische Kirche sowie Reste der Burganlage aus dem 14. Jahrhundert bilden die markanten Punkte des Fachwerkdörfchens Reifferscheid.

geschluckt: die Eifel im Spannungsfeld der Herzöge von Luxemburg und Jülich, der Erzbischöfe von Köln und Trier.
Nie war die Eifel das Ziel einer militärischen Aktion und doch wegen durchziehender Armeen oder Winterquartieren immer mittendrin. Die Anlässe wechselten, Tod und Verwüstung blieben. Für die Ouvertüre sorgte die Jülicher Fehde 1542/43. Kaiser Karl V. wollte das Land als Reichslehen einziehen. Der nächste Krieg begann 1618, dauerte 30 Jahre und hinterließ verbrannte Erde. Zu holen gab es nichts, zerstört wurde alles. Hexenbrenner, die Raubzüge Ludwigs XIV. und der Spanische Erbfolgekrieg nach dem Tod des letzten spanischen Habsburgers Karl II. (1701–14) taten ein übriges. Sebastian Münster verglich die Landschaft um Manderscheid und Gerolstein 1541 mit Italien. 200 Jahre später hätte er sie nicht wiedererkannt …
Noch einmal konnte die Eifel Atem holen: Nach 1750 folgten ruhigere Jahre, die französischen Revolutionstruppen importierten im Jahre 1794 „Freiheit, Gleichheit, Brüderlichkeit“. Industrie und Landwirtschaft erholten sich, die Verwaltung wurde modernisiert. Mit dem Anschluß an Preußen nach dem Wiener Kongreß 1815 war es mit der Herrlichkeit vorbei. Die Eisenbahn kam spät, zu spät. Die Eisenindustrie brach zusammen. „Kostgänger des Reiches“ hieß das wenig schmeichelnde Urteil. Der Erste Weltkrieg verlief glimpflich, im Zweiten Weltkrieg marschierten die Truppen 1940 von Ost nach West, vier Jahre später dann in die Gegenrichtung.
Nichts erinnert heute mehr an diese jahrhundertelangen Verwüstungen. Monschau, Kronenburg oder Monreal sind gepflegte Fachwerkidyllen, die Klöster Himmerod, Maria Laach und Mariawald strahlen ihr Kraftfeld aus, Burgen wie die Eltz oder Bürresheim zeugen von wehrhaftem Charakter, Einstützkirchen und Antwerpener Schnitzaltäre von künstlerischem Reichtum.

Seit dem Mittelalter hat sich das malerische Burgdorf Kronenburg kaum verändert. Kunst und Keramik gehören in dieser Ferienidylle genauso zum Ortsbild wie die nahezu vollständig erhaltene Ringmauer, in die eine spätgotische Kirche einbezogen ist.

Tief verwurzelt ist die Frömmigkeit in der Eifel. Kloster Himmerod mit seiner mächtigen Barockfassade liegt in einem der schönsten Abschnitte des Salmtals. Unvermittelt stößt der Wanderer, aus dem Dunkel des Waldes tretend, auf den Zisterzienser-Bau, der Pracht und Kargheit in grandioser Einsamkeit vereint.

Nettersheim war schon zu Zeiten der Römer dicht besiedelt. Auch heute noch legen Spaziergänger Zweige und Früchte bei den Matronen im römischen Tempelbezirk Görresburg ab. So leben die 2000 Jahre alten Opferrituale weiter. Die Altäre sind eine Mischung aus römischer Form und Brauchtum der keltischen Ureinwohner. Typisch für eine Region, in der sich über die Jahrhunderte hinweg immer wieder die Völker mischten.

Gewiß, die Ruinen und Befestigungen von Neuerburg im deutsch-luxemburgischen Naturpark sind noch da. Daß das Städtchen indes einmal die größte und stärkste Festung in der Eifel war, läßt sich nur noch erahnen. Franzosen sprengten die gewaltigen Befestigungsanlagen 1692 in die Luft. Im ehemaligen Tuchmacherort sind heute vor allem das als Jugendherberge ausgebaute Schloß aus dem 14. Jahrhundert sowie die spätgotische Pfarrkirche sehenswert.

Der Fortschritt hat Monreal immer links liegen gelassen. Fachwerkhäuser spiegeln so auch heute noch die Blütezeit des 17. und 18. Jahrhunderts wider. Dunkelrote Balken und bläulich-grüne Schlagläden flankieren den Lauf des Elzbachs. Auf der mittelalterlichen Brücke bewachen zwei alte Löwen das Kreuz. Einst standen sie am Tor der Burg hoch über dem Ort. Bis die Franzosen kamen. Sie stürzten die steinernen Tiere 1689 in die Tiefe.

Plötzlich stieg der Duft frischer Erbsensuppe in die Nase. Nichts Besonderes eigentlich, wären wir nicht in einem Museum. Im Rheinischen Freilichtmuseum in Mechernich-Kommern, eine halbe Autostunde vor den Toren Kölns, hat der Landschaftsverband Rheinland die bäuerliche Bau- und Lebensweise der Region konserviert. Einzelgehöfte und Weiler wurden an ihren ursprünglichen Standorten in der Eifel – aber auch im Bergischen Land, Westerwald und Niederrhein – vom Kamin bis zum Kochlöffel, vom Dach bis zum Dreschflegel abgebaut, nach Mechernich-Kommern gebracht, restauriert und wieder aufgestellt. Alles ist echt: Die Hühner auf dem Misthaufen des Fachwerk-Vierseithofs aus Wallenthal sind es, der Duft von Erbsensuppe aus dem Gehöft nebenan eben auch. Doch damit nicht genug: Auch das natürliche Umfeld der wiederaufgebauten Bauernhäuser wird authentisch dokumentiert, die Hausgärten und Felder, Wiesen und Weiden von Museumslandwirten in der überlieferten Weise der vergangenen Jahrhunderte genutzt. Dazu gehört die Feldbestellung mit alten Geräten, das Ernten mit Sensen, das Einholen des Getreides mit Zugvieh und Karren, schließlich das Ausdreschen mit einem Dreschflegel. Hier wird das heimische Brauchtum, die bäuerliche Alltagskultur unprätentiös und ohne Heimattümelei wachgehalten. Schade eigentlich nur, daß die meisten Besucher des Freilichtmuseums an Kommern selbst, dem zweitgrößten Ort von Mechernich, vorbeirauschen. Denn die Ortsmitte weist rund um die mächtig aufragende neugotische Kirche mit ihrem romanischen Taufstein das größte im Originalzustand erhaltene Fachwerkensemble des Rheinlandes auf – auch beinahe ein Museum, nur rund um die Uhr geöffnet und belebt. Mechernich ist die Summe von 42 ehemals selbständigen Ortschaften mit Sehenswürdigkeiten zuhauf. 24 Burgen und Schlösser rund um die Stadt machen den Kreis Euskirchen zum burgenreichsten in Deutschland. Liebe auf den ersten Blick rufen die Burgen Satzvey und Schloß Eicks sowie die Burg Zievel hervor. Schloß Eicks, ab 1690 erbaut, ist der Prototyp des rheinischen Adelssitzes: eine zweiteilige Wasserburg mit einer türmebewehrten Vorburg und separatem Herrenhaus. Hinter der Burg fällt der Blick auf den schönen Barockgarten mit seiner streng geometrischen Wegeführung und den Beeteinfassungen aus Buchsbaum.

Schnaubend scharren die schweren Schlachtrösser mit den Hufen, gehüllt in kostbar bestickte Schabracken in den heraldischen Farben der verschiedenen Rittergeschlechter. Mit angelegter Lanze erwarten kühne Streiter in Ritterrüstungen das Trompetensignal. Das Turnier kann beginnen. Auf Burg Satzvey erwachen die Ritterspiele vergangener Jahrhunderte alljährlich im Juni und September zu neuem Leben. Auf dem mittelalterlichen Kunstmarkt wird derweil vergessenes Handwerk demonstriert. Da steht der Laternenmacher neben dem Hufschmied, der Buttermacher neben den Gauklern. Und der Gürtler? Nun, der hantiert an den Keuschheitsgürteln.

Seit über 1000 Jahren hat die Eifelregion Stifter und Ordensleute angezogen. Mal

Kloster Steinfeld bei Kall ist eines der geistigen Zentren der Eifel. Heute leben hier Mönche des Salvatorianer-Ordens. Der Ruf der Barockorgel reicht wegen ihres hervorragenden Klangs weit über die Eifel hinaus. Eine Quelle von 1701 berichtet, daß die Orgel mit denen Kölns wetteifern könne.

das Kloster Mariawald. Gut 300 Jahre später wurde die Abtei von den Franzosen aufgelöst. 1860 kaufte der Schweige-Orden der Trappisten die verödete Anlage auf und richtete sich auf der Lichtung für sein klösterliches Leben ein. Geblieben ist er bis heute. Von der Außenwelt durch einen Mauerring abgeschlossen, führen die Mönche des Ordens im einzigen Trappistenkloster Deutschlands ihr streng rituelles Leben. Der Tag beginnt für sie um 3.15 Uhr in der Frühe, die Nachtruhe gilt bereits ab 20 Uhr. „Das Schweigen eröffnet das Endliche auf Gott hin und läßt den Menschen aus seiner Oberfläche und Äußerlichkeit zur Tiefe und Mitte seiner selbst kommen." Lediglich die etwas schmucklose Klosterkirche ist für Besucher zugänglich.

In Serpentinen geht es hinab nach Heimbach an das waldreiche Ufer der Rurtalsperre. Mit 205 Millionen Kubikmetern Fassungsvermögen ist sie die zweitgrößte Talsperre hierzulande. So groß, daß auf

um ihre Pracht zu entfalten, mal um dem kontemplativen Leben in menschenleeren Wäldern und Talniederungen nachzugehen. Auf dem Weg zur Rurtalsperre liegen zwei Klöster praktisch am Wegesrand. Das Prämonstratenserkloster Steinfeld ist weithin über der gewellten Hochebene sichtbar. Nie hat es hier eine Periode des Niedergangs gegeben. Und das ist selten. Die Klostergebäude – zwischen 1069 und 1073 gegründet – sind inzwischen Internat, die 1142 begonnene Basilika jedoch ist Kirchenraum geblieben: eine langgestreckte dreischiffige Pfeilerbasilika mit Querhaus im Stile der Hochromanik, gekrönt von einem achteckigen Vierungsturm. Festungsartig und abweisend wirkt das Westwerk. Im Inneren setzen sich die Kontraste fort: Die schmucklose romanische Architektur erhält durch die dekorative Gewölbemalerei viele Lichtpunkte.

In der Waldeinsamkeit des Kermeters errichteten Zisterzienser im Jahre 1480

Im Sommer treffen sich die Wochenend-Ritter auf Burg Satzvey bei Euskirchen. Der Traum vom Mittelalter wird indes nicht mit Prinz Eisenherz & Co. verwirklicht. Vorbilder sind historisch verbürgte Figuren. Das Spektakel dient dem Erhalt der Burganlage.

Heimatgeschichte zum Anfassen präsentiert der Landschaftsverband Rheinland im Rheinischen Freilichtmuseum in Kommern bei Mechernich. 80 Häuser und Hofanlagen zeugen vom Leben der Urgroßväter.

dem Wasser ein reger Verkehr von Ausflugsschiffen besteht. Refugien der Stille sind die Wallfahrtskirchen St. Clemens, für die der Rubensschüler Pieter Soutmann das Altarbild von der Kreuzabnahme schuf, sowie die moderne Salvatorkirche mit einem Antwerpener Schnitzaltar aus dem 15. Jahrhundert und einem großen Auferstehungsfenster von Georg Meistermann.

Alpinisten ist das nicht weit entfernte Burgdorf Nideggen ein Begriff. Sind es doch die fast 100 Meter aus dem Rurtal aufragenden Sandsteinfelsen, die die Siedlung tragen. Es ist egal, ob man Nideggen durch das Dürener, Zülpicher oder Brandenberger Tor betritt: Alle Gassen führen über Kopfsteinpflaster vorbei an den roten Sandsteinfassaden der Bürgerhäuser zum Marktplatz. Wer vom engen Stadtbezirk hinauf zum Burgberg steigt und das romanische Vortor passiert, erkennt, daß das ummauerte Nideggen nur die vorderste Verteidigungslinie des Burgbergs war. Die Pfarrkirche vor der Burg, eine dreischiffige Basilika, stammt aus dem 13. Jahrhundert. Aus dem Inneren der Burg ergibt sich ein phantastischer Ausblick auf die bewaldeten Hänge, die sich zur Rur hinabstürzen und von bizarren Sandstein-Felsformationen durchzogen sind. Beim Anblick des großen Campingplatzes verziehen wir etwas das Gesicht. Aber er ist uns letztendlich lieber als anrückende feindliche Truppen …

Auf dem Rückweg lassen wir die belebte wie beliebte Rurtalsperre im Osten liegen und nähern uns über Simmerath dem Monschauer Land. Auffallend sind hier die haushohen Buchenhecken, die mit ihren eingeschnittenen Fenstern und Tordurchgängen den Städtern ein leichtes Schmunzeln entlocken. Doch die Sache hat einen ernsten Hintergrund: Im Herbst und Winter, wenn es ohne Unterlaß stürmt und schneit, bieten sie gegen diese Wetterunbill natürlichen wie wirksamen Schutz. Über Hellenthal mit seinem Erz-Besucherbergwerk „Grube Wohlfahrt“ bahnen wir uns auf Nebenstrecken den Weg nach Nettersheim. Bereits nach wenigen Kilometern werden wir in Reifferscheid aufgehalten. Ein verwunschenes Örtchen inmitten einer wenig besiedelten, weitläufigen Hügellandschaft. Reifferscheid thront auf einer ummauerten ovalen Hügelkuppe, deren höchsten Punkt der mächtige Bergfried der ehemaligen Burg einnimmt. Er bot die letzte Möglichkeit, um sich vor angreifenden Truppen zu verteidigen.

Romanischen Ursprungs ist das Nytstor in Nideggen. Wer bis hierhin gelangt, hat die Stadttore schon passiert, denn der Burgberg wurde gleich durch zwei Verteidigungslinien geschützt.

Das „römische Nettersheim“ mit seiner Wasserleitung nach Köln und dem gallorömischen Tempelbezirk ist wohl jedem Eifeler seit den ersten Schulausflügen vertraut. Neugierig macht uns jetzt der Titel „Bundeshauptstadt für Natur- und Umweltschutz“. Sind hier die Ökologen an der Macht? Nein, aber man erkennt rasch, daß sich die Gemeinde mit dem Titel nicht

Auch wenn die Eifel in ihrem Zentrum eher ein Hochland ist, breiten sich vor allem im niederschlagsreichen Nordwesten zahlreiche Talsperren fjordartig aus. Ursprünglich dienten sie der Gewässerregulierung. Der Rur-Stausee sichert das Trinkwasser von rund einer Million Menschen und ist bei Freizeit-Skippern äußerst beliebt.

zum Nulltarif schmückt. Da gibt es ein Naturschutzzentrum Eifel, das die Natur mit einem Ausflug in die Sinnenwelt durch Fühlen, Schmecken, Riechen und Hören begreifbar macht. Mit verbundenen Augen wird man über Waldboden, Rindenmulch und Kies geschickt, nimmt man die Düfte diverser Kräuter auf, hört man das Summen der Bienen. Über die Sinne eben wird der Sinn für die Natur geschärft. Da gibt es ein aktives Biotop-Management in 36 ausgewiesenen Naturschutzgebieten. Abfallberater, Landschaftspfleger und Umweltpädagogen leisten Aufklärungsarbeit. Da wird auf Streusalz, Herbizide und Pestizide verzichtet, werden bei-

nahe acht Prozent des Haushalts für Natur- und Umweltschutz ausgegeben. Alles beispielhaft und richtungweisend. Zwar ist die „Öko-Hauptstadt“ auch kein Paradies reiner Ursprünglichkeit, immerhin jedoch wird hier ein Weg in die richtige Richtung aufgezeigt.

Für manche hat Bad Münstereifel die besterhaltenste mittelalterliche Stadtbefestigung des Rheinlandes, andere vergleichen es gar mit Rothenburg ob der Tauber. Vergleiche hinken immer. Soviel jedoch ist sicher: Aus welcher Richtung man auch kommt, man trifft immer auf Tore und Türme, Erker und Mauern. Einmal wurde Münstereifel, als „Monasterium in Eiflia“ Tochterniederlassung der Abtei Prüm, seine Stadtbefestigung zum Verhängnis. Ein Wolkenbruch ging am 6. Juli 1416 auf die Stadt hernieder. Es war Nacht, die Heuernte eingebracht, die Stadttore durch Fallgitter gesichert. Das Heu verstopfte die Sperrgitter, die nun zur Staumauer für die Erft wurden. Münstereifel „soff“ ab. 1500 Menschen und 3000 Stück Vieh, so erzählt eine Inschrift in der Johannisstraße, kamen damals ums Leben.

An diesem Frühlingstag kann die Erft kein Wässerchen trüben. Alte Bruchsteinmauern begleiten das Flüßchen auf dem Weg durch die Stadt. Die schmucken Häuser reihen sich wie eine Perlenkette aneinander, deren ältestes Glied aus der romanischen Epoche stammt.

Man kann sich Bad Münstereifel nähern, wie man will. An den Mauern, Türmen und Toren – hier das Werther Tor – kommt man einfach nicht vorbei (oben).

Weit über 100 Burgbauten sind über die Eifel verstreut. Viele sind Ruinen. Reifferscheid gehört mit Kronenburg zu den wenigen Burgsiedlungen, die vollständig erhalten sind (links).

Das Wohnzimmer und die Kaffeetafel als Museum: Auf dem Kahlenbusch in Kommern bei Mechernich liegt das Rheinische Freilichtmuseum. Es ist wohl der einzige Ort im Rheinland, wo sich die dörfliche und bäuerliche Lebens- wie Arbeitsweise der vergangenen Jahrhunderte studieren läßt. Jedes Haus wurde vom Kochlöffel bis zum Pflug maßstabs- und detailgetreu im Stil seiner Zeit eingerichtet. Daß diese Wohnstuben auch funktionstüchtig sind, beweist hin und wieder der Geruch von frisch gekochter Erbsensuppe, die anschließend in einem Gasthaus (und leider nicht beim Museum) verzehrt werden kann.

Auch in der Eifel sind die Winter lange nicht mehr so kalt und schneereich wie vor einigen Jahrzehnten. Was damals im Monschauer Land wuchs, taugte vor der Erfindung des Kunstdüngers nur für Schafe. Geblieben aus dieser Zeit sind die haushohen Buchenhecken im Monschauer Ortsteil Höfen. Sie schützen vor den eisigen Westwinden und halten meterhohe Schneeverwehungen vom Hause fern.

Der Kreis Euskirchen ist der burgenreichste in Deutschland. Burg Satzvey, ein Paradestück romantischer Wasserburgen im Rheinland, dient heute vor allem als Kulisse für edle Ritterspiele und zarte Minne. Vor- und Hauptburg lagen früher auf zwei getrennten Inseln. Das reich gegliederte Herrenhaus mit Turm und Torburg aus dem 15. Jahrhundert bildet einen besonderen Blickfang.

Auch auf den Höhen über dem Rur-Stausee ist die Landwirtschaft auf dem Rückzug. Bei sinkenden Preisen kann die Milchwirtschaft nur noch durch Betriebserweiterung bestehen. 70 Kühe sichern gerade einmal die Existenz eines Landwirts. Viele Bauern geben auf. Somit verändert sich langsam, aber sicher die Landschaft. Denn Landwirtschaft ist auch Landschaftspflege.

Der Anfang Monschaus liegt im Dunkel der Geschichte", erzählt die Broschüre des Fremdenverkehrsbüros. Keine Kelten, keine Römer, keine Germanen. Wahrscheinlich gab es hier erst zu karolingischer Zeit einen Hof. Im Jahre 1198 fällt ein spärliches Licht auf eine Burg namens „Mons Joci", auf die Grafen und späteren Herzöge von Limburg im heutigen Belgien, auf das Haus Valkenburg in den Niederlanden. Eine Zeitlang wurde Monschau gar von Bayern aus regiert. 1794 erschienen die Franzosen, machten es zu „Montjoie". Daraus wurde zwar 1918 Monschau, der Geist vom Montjoie des 18. Jahrhunderts, der Blütezeit dieser Tuchmacher-Stadt, ist indes geblieben und wird behutsam gepflegt. Dabei kann der erste Eindruck ein wenig verdrießen. Eine Schranke teilt die Ankommenden in Bewohner und Lieferanten der Stadt, die weiterfahren dürfen, von denen, die sich von einem der großen Parkplätze drumherum den Weg ins Freilichtmuseum des 18. Jahrhunderts suchen müssen, den Touristen also. Dem Gewerbe des Tuchmachers geht hier keiner mehr nach. Monschau lebt vom Fremdenverkehr. Die Filiale einer dänischen Eiskette, Pizzerien und Steakhäuser säumen den Weg ins Zentrum. Auf dem Marktplatz werden wir auf niederländisch bedient. Überrascht hat uns das nach dem Blick auf die Autokennzeichen auf den Parkplätzen nicht. Und dennoch: Monschau ist Liebe auf den ersten Blick!

Das Bild wird beherrscht von den schiefergrauen Dächern, den prachtvollen Patrizierhäusern, dem auf Sonntag herausgeputzten Fachwerk. Das rechte Ufer der Rur ist bis zur Stadtmitte unbebaut. Zu steil drängen die Felsen zum Fluß. So steil ist es hier, daß manches Haus auf seiner Rückseite erst im dritten Stockwerk eine Tür zu dem sich nach hinten ausbreitenden Garten besitzt. Vorbei an Malerwinkeln zuhauf stürzt sich die Rur durch den Ort. Die wetterabgewandten Seiten der Häuser zeigen reiches Fachwerk, ansonsten dienen Schiefer oder Holz zur Verschalung. Die Häuserzeilen an der Rur geben einander Halt. Ständen diese Fachwerk-Juwelen einzeln, sie wären nach den Gesetzen der Statik längst in sich zusammengefallen. Die imposanteste Fassade bietet das „Rote Haus" am Zusammenfluß von Laufenbach und Rur. Obwohl sich der barocke Bruchsteinbau der evangelischen Kirche gleich nebenan befindet, ist diese Bürgerresidenz des Tuchmachers Johann Heinrich Scheibler leicht als Mittelpunkt der Stadt auszumachen. Ein Wahrzeichen von Tüchtigkeit, Unternehmergeist und Wohlstand. Von außen wirkt der Patrizierbau mit seinen zahlreichen gleichmäßig angeordneten Fenstern vornehm und ausgewogen, seine Höhenwirkung ist enorm. Vom Fachwerk und Schiefer ringsum setzt sich das Rote Haus durch seine Backsteinverblendung und den roten Farbton des Spätklassizismus ab. Daten über Baumeister oder Baubeginn? Fehlanzeige. Man vermutet, daß die Grundentwürfe von Scheibler selbst stammen. Das Interieur ist zu besichtigen und stellt so manches fürstliche Schloß in den Schatten. Glanzstück ist das reich geschmückte Treppenhaus mit seiner spiralförmig geschwungenen Treppe. Im Außenlauf dieser Holztreppe werden die Arbeitsvorgänge der Tuchfabrikation illustriert. Der „Geruch" des Bürgerlichen ist unverkennbar: im Herrenzimmer und im Eßzimmer, im „Gelben Zimmer" und auch im Schlafzimmer.

Scheibler kam im Jahre 1720 als 15jähriger aus dem Bergischen Land nach Monschau, um dort eine Tuchmacherlehre zu beginnen. Das Gewerbe hatte hier 1598 einen Aufschwung erlebt, als sich am Lauf der Rur die aus Aachen vertriebenen protestantischen Fabrikanten niederließen. Die naturgegebenen Voraussetzungen für die Tuchfabrikation waren ideal: Das Wasser der Rur war kalkfrei – wichtig für die Färbung der Wolle. Durch das Gefälle ließ sich mittels Wasserkraft eine Vielzahl von Walkmühlen betreiben. Zudem lieferte der Torf des Hohen Venns billigen und immer verfügbaren Brennstoff. Die Blüte der Tuchmacherei setzte Scheibler ab 1730 in Gang: Er importierte die feinere spanische Merinowolle, verbesserte das Spinnverfahren und färbte nach einer von ihm geheimgehaltenen Methode. Die Tuche aus Monschau erregten die Aufmerksamkeit auf den Messen und Märkten im Land. Bis zu 6000 Menschen fanden europaweit in Johann Heinrich Scheiblers Diensten Arbeit, bis es um die Wende vom 18. zum 19. Jahrhundert mit der Tuchindustrie im Tal der Rur bergab ging.

Bevor es über das Hohe Venn nach Aachen geht, zieht es uns in die Senfmühle

Das Rote Haus in Monschau erinnert in seiner Pracht an die versunkene Industrieregion Eifel. Die ehemalige Arbeits- und Wohnstätte der reichsten Tuchmacher-Familie im Ort wird heute als Museum genutzt. Hier entfaltete das erwachende Bürgertum mit erlesenem Mobiliar einen Wohlstand, wie man ihn sonst nur an Adelssitzen findet.

von Guido Breuer, dem letzten privaten Senfmüller Deutschlands. Auch hier weht noch der alte Geist von Montjoie. „Moutarde de Montjoie“ steht auf den grauen Tontöpfen, in die Breuer seinen Senf nach Urrezept, aber auch mit zeitgemäßen Verfeinerungen wie Estragon, Knoblauch oder Limone abfüllt. Mit dem „Allerwelts-Senf“ der großen Hersteller hat Breuers Spezialität wenig gemein. Seine Senfmühle mit ihren tonnenschweren Mahlsteinen schafft 400 Kilogramm pro Woche, Großanlagen produzieren das zwölffache – in der Stunde. Das Rezept ist kein Geheimnis: Die Senfsaaten kommen aus

Kanada und Schweden, ferner Essig, Wasser und Kräuter.
Raus aus dem brodelnden Tal der Touristen, hinauf auf die einsamen Hochmoorflächen des Hohen Venns. Wenn es hier regnet, und es regnet oft, ist es am schönsten. Wie in den Tundren Nordskandinaviens. Da verwundert es nicht, daß man im Jahre 1888 unter einer zwei Meter starken Torfschicht das Geweih eines Elchs gefunden hat. 400 Quadratkilometer umfaßt diese urwüchsige Landschaft im Städteviereck Monschau-Malmedy-Spa-Eupen. Besonders auf belgischem Grund ist noch viel von ihrer Urwüchsigkeit, Weite und Einsamkeit zu spüren. Das Wandern indes ist im Hohen Venn über die Jahre zu einem Problem geworden. Es kamen so viele, daß die einzigartige Pflanzenwelt zertrampelt und das Moorschneehuhn in die Flucht geschlagen wurde. So dürfen manche Zonen nur noch in Begleitung eines von der belgischen Forstverwaltung autorisierten „Guide Nature“ betreten werden. Und auch das geht nicht immer. Beispielsweise, wenn die Brandgefahr im Venn zu groß ist. Jederzeit über feste Planken zu betreten ist jedoch der Naturlehrpfad im Polleur-Venn zwischen Mont-Rigi und Baraque Michel. Wer es nostalgisch liebt, sollte in die Vennbahn steigen. Diese startet in Stolberg und führt durchs Moor ins belgische Raeren. Zweieinhalb Stunden braucht der alte Schienenbus für die 45 Kilometer. Ein grenzenloses Vergnügen.
Grenzen spielen auch in Aachen längst keine Rolle mehr. Sicher, die europäische Politik wird in Brüssel und Straßburg gemacht. Nirgendwo schlägt das Herz Europas aber kräftiger als hier an der Nahtstelle zwischen Deutschland, Belgien und den Niederlanden. Aachen ist, der Dom legt es nahe, katholisch und dennoch weltoffen. Drei im jährlichen Turnus wiederkehrende Veranstaltungen sind es, die die Kaiserstadt in das grelle Scheinwerferlicht der

Die Moor-Einsamkeit im Hohen Venn ist jenseits der Grenze, auf belgischem Boden, besonders eindrucksvoll (rechts).

Aus kanadischer Senfsaat und heimischem Essig kreiert Guido Breuer in Monschau seine Senf-Spezialitäten nach Altväter Sitte. Durch das kalte Vermahlen der Senfkörner bleiben die ätherischen Öle erhalten (links).

Fernsehkameras rücken: Des Sommers wird Aachen zum Mekka der Pferdefreunde. Es trifft sich die Weltelite der Dressur- und Springreiter. Das CHIO steht für den „Concours Hippique International Officiel".

Humor in der Politik ist selten. So selten, daß es in Aachen dafür einen Preis gibt. Der heißt „Orden wider den tierischen Ernst". Die Preisträger müssen in einem Narrenkäfig ihre Rede halten. Johannes Rau und Hans-Dietrich Genscher waren schon drin, der ehemalige französische Kulturminister Jack Lang und der niederländische Regierungschef Ruud Lubbers auch. Man denkt also europäisch. Wie bei der Verleihung des alles überstrahlenden Karlspreises, der im Jahre 1949, vor dem Hintergrund einer in Schutt und Asche liegenden Nation, ins Leben gerufen wurde. Ausgezeichnet wird seit 1950 das Wirken für eine der wichtigsten Herausforderungen in unserem Jahrhundert: die Idee eines vereinten Europas und einer europäischen Einigung auf der Basis von Frieden und Humanität über alle politischen (Partei-) Grenzen hinweg. Die Liste der Preisträger reicht von A – wie Konrad Adenauer (1954) – bis V – wie Simone Veil (1981). Verliehen wird die hohe Auszeichnung im 1000 Quadratmeter großen Reichssaal des Aachener Rathauses, in dem auch die Nachbildungen der Reichskleinodien ausgestellt sind.

Das Rathaus steht auf den Fundamenten der Königshalle der karolingischen Pfalz aus dem 8. Jahrhundert. Karl der Große, dessen Geist beinahe überall in der Stadt zu spüren ist, machte Aachen zum Mittelpunkt des fränkischen Reiches. Kaiser wurden hier, auch wenn man es immer wieder hört, nicht gekrönt. Die, die hier die Krone aufs Haupt gesetzt bekamen, waren deutsche Könige. (Nebenbei: Karl der Große selbst errang die Kaiserwürde zu Weihnachten des Jahres 800 von Papst Leo III. in Rom.) Im 17. und 18. Jahrhundert wurde das Rathaus zu einem barocken Stadtschloß umgebaut. Ohne Beispiel ist die Nordfassade: 50 deutsche Herrscher schauen auf den Marktplatz herab.

Wir umgehen das Rathaus rechter Hand, bestaunen den Kräutergarten Karls des Großen und gelangen über den Katschhof, der die weltliche von der geistlichen Macht trennt, zum Dom. Das am Ende des 8. Jahrhunderts entstandene Oktogon des Aachener Doms zählt in der UNESCO-Liste des Weltkulturerbes zu den bedeutendsten Kulturdenkmälern der Welt. Anziehungspunkt der religiösen Verehrung sind der Karlsschrein und der Marienschrein. Friedrich II. schlug anno 1215 den letzten Nagel in den Prachtsarkophag mit den Gebeinen des 1165 heiliggesprochenen Kaisers. Im 1236 vollendeten Marienschrein sind die bedeutenden Aachener Reliquien aufbewahrt: die Windeln und das Lendentuch Christi, das Marienkleid sowie das Enthauptungstuch Johannes des Täufers. Seit dem Jahre 1349 werden die Heiligtümer alle sieben Jahre der Öffentlichkeit präsentiert. Die nächsten Male wird dies 2007 und 2014 geschehen.

Zentrum des urbanen Treibens ist der Rathausplatz mit dem Karlsbrunnen. Aachen ist unübersehbar die Stadt Karls des Großen. Kriegswirren und Säkularisation haben sie weniger getroffen als beispielsweise Köln. Lebendige Geschichte auf Schritt und Tritt.

Der Dom zu Aachen mit dem Karlsschrein im Hochchor wurde 1978 als erstes deutsches Baudenkmal in die UNESCO-Liste des Weltkulturerbes aufgenommen. Viermal wurde der Domschatz im Lauf der Jahrhunderte ausgelagert. So befinden sich die Reichskleinodien – Krönungsevangeliar, Säbel und Stephansburse – bis heute in Wien.

Der Dom, die Pfalzkapelle Karls des Großen, bildet den Mittelpunkt der Stadt. Seit 1985 zählt er zu den kompliziertesten Baustellen in Aachen. Doch auch wenn im Jahre 2006 die Grundsanierung des Doms abgeschlossen sein soll, werden kommende Generationen weiterhin mit der Erhaltung des Doms beschäftigt sein. Nach Karls Willen, der die Stadt zur Ersten in seinem Reich erhob, sollte hier ein neues Rom nördlich der Alpen entstehen. Warum aber Aachen und nicht Worms oder Metz? Aachen lag im Stammland der Franken, Jagdgebiete waren vor der Tür, heiße Quellen versprachen Heilkraft. Die gibt es heute noch, stehen im Ruf, mit 74 Grad Celsius die heißesten nördlich der Alpen zu sein und haben unverkennbaren Schwefel-Geruch. In dem von Karl Friedrich Schinkel im Jahre 1822 entworfenen Elisenbrunnen, einem Säulenbau, kann man die Probe aufs Exempel machen. Prominent ist die Liste der Kurgäste: Francesco Petrarca, Albrecht Dürer, Georg Friedrich Händel. Die historischen Sehenswürdigkeiten sind reich gesät: Der Hühnermarkt mit dem barocken Haus Monheim, in dem das Couven-Museum eine Bleibe gefunden hat, der dreieckige „Hof" mit dem Nachbau eines römischen Portikus, der Granusturm, das Ponttor …

Daß Aachen aber auch eine nach vorn gewandte Stadt ist, bewies 1990 eine Unternehmer-Befragung. Die Stadt erhielt das Prädikat des wirtschaftsfreundlichsten Standorts in Deutschland. Sicherlich auch ein Verdienst der Rheinisch-Westfälischen Technischen Hochschule. Und auch das ist Aachen: Ein Drittel der Weltnadelproduktion kommt von hier, die begehrten Printen und Schokoladen auch. Bei Leo van den Daele in der urig alten Aachener Kaffeestube gibt es die Printen ganzjährig. Der Name Ludwig zählt in der Welt der Schokolade, mehr noch in der Welt der Kunst: Das Suermondt Ludwig Museum setzt Schwerpunkte in der deutschen und niederländischen Malerei, das Ludwig-Forum bei der internationalen Kunst der Gegenwart. Vorreiter ist die Europastadt auch im Straßenverkehr und Umweltschutz: Samstags ist die City für den Autoverkehr tabu.

Geradezu mediterran mutet der dreieckige Platz „Hof" im Zentrum an. Der römische Portikus indes ist ein Nachbau (oben).

Die Printenbäcker haben in Aachen ihr eigenes Denkmal (links). Außerhalb der Stadt hat das Gebäck nur im November und Dezember Saison, innerhalb ist es ganzjährig gefragt. Auch zu Ostern oder im Sommer …

Monschau zeugt vom Handel und Wandel am schluchtartigen Oberlauf der Rur. Das schiefer- und fachwerkgeprägte Ortsbild ist in sich geschlossen. Das pittoreske Monschau scheint auch unter der Woche stets auf Sonntag herausgeputzt. Kein Wunder, man lebt vom Tourismus. „Man spricht holländisch und zahlt in D-Mark“, spöttelte kürzlich ein Kabarettist. So schlimm ist es freilich nicht. Das Gewirr schmaler Fachwerkgassen zwischen Fluß und Felsen sucht seinesgleichen.

HOTEL zum STERN
Hotel Stern

Westlich von Monschau erstreckt sich die weite Hochmoorlandschaft des Hohen Venn. Die Besiedlung setzte erst spät, im Mittelalter, ein. Besonders im November, bei Nebel und Nieselregen, ist diese Ur-Landschaft eine der letzten in Mitteleuropa, in der der Wanderer noch die Herausforderung durch die Natur erfahren kann. Doch Vorsicht: Wer sich nicht einem ausgebildeten Führer anvertraut, sollte die markierten Wege und Stege nicht verlassen. Weite Gebiete leiden unter Staunässe.

COUVEN MUSEUM

Zahlreiche Bürgerhäuser von Stadtbaumeister Johann Joseph Couven (1701–63) prägen das Bild von Aachen bis heute. Das noble Haus Monheim beherbergt heute das Couven-Museum mit Wohnkultur aus dem 18. und 19. Jahrhundert. 1786 wurde es von Jacob Couven, einem Sohn des Stadtbaumeisters, für den Apotheker Andreas Monheim erbaut. Das repräsentative Bauwerk zeigt bereits Übergänge zu den ausgewogenen Formen des bürgerlichen Klassizismus.

Die schnellste Verbindung zwischen zwei Punkten ist die Gerade. So müssen die Römer schon vor beinahe 2000 Jahren beim Bau der Heerstraße von Trier über Bitburg nach Köln gedacht haben. Heute folgt die Bundesstraße 51 dieser alten Römertrasse. Sie steigt aus dem Tal der Mosel auf und führt durch die Kornkammer der Region, das Bitburger Gutland. Eine gleichförmige Landschaft mit endlos scheinenden, flachwelligen Feldern, von denen man weiß: Hinter dem Horizont geht es genauso weiter. So stellt sich der Straße denn auch nichts in den Weg. Keine Vulkane, keine scharfeingeschnittenen Täler, keine größeren Siedlungen. Wirklich nichts? Doch! 13 Kilometer hinter Trier taucht aus dieser landwirtschaftlichen Einöde eine mächtige Barockfassade auf. Wir drosseln das Tempo, weil es die Straßenverkehrsordnung hier vorschreibt und weil wir überrascht sind. Hinter der Ortsmarke Helenenberg verbirgt sich ein prächtiges Kreuzherrenkloster. Im Jahre 1240 wurde es erstmals als Hospiz erwähnt, im 18. Jahrhundert dem Diktat des Barock unterworfen. Heute führen die Salesianer hier eine Schule.

Dann wieder Felder, Felder, Felder. Bis am Horizont hochragende Türme auftauchen. Kein Dom grüßt hier mit seinen Türmen, vielmehr die Silhouette der Bitburger Brauerei, dem mit Abstand größten Arbeitgeber der Südeifel. Der schon von weitem sichtbare Platz muß bereits den keltischen Treverern, aber auch den späteren römischen Eroberern aufgefallen sein. „Beda" nannten die Kelten das heutige Bitburg, zu „Beda Vicus" tauften es die Römer im vierten Jahrhundert nach Christus um. Sie errichteten ein schwerbefestigtes Straßenkastell mit Theater, Tempel und Therme, mit Handwerksbetrieben und Herbergen. Kelten wie Römer kamen nicht wegen des Bieres. Denn: „Bitburg trank Wasser, bevor Simon braute sein Bier." Das jedenfalls macht uns der Bierbrunnen vor der Bitburger Brauerei in lateinischen Worten glaubhaft.

Von Bitburg ist die Landesgrenze zum heutigen Belgien nicht mehr weit. Dementsprechend wechselhaft ging auch die Geschichte mit dem Ort, dem im Jahre 1262 die Rechte einer Stadt verliehen wurden, um. Als ursprünglich Luxemburgischer Besitz kam Bitburg nacheinander an Burgund, Spanien, Österreich, Frankreich und Preußen. Der Zweite Weltkrieg machte der alten Bausubstanz schließlich den Garaus. Dann kam „Bitburg Air Base" und die Amerikaner. In der Spitze waren es 12.000 GIs, die mit 12.000 Einheimischen zusammenlebten. 600 Zivilbeschäftigte fanden auf dem Militärflughafen ihr Auskommen, Jahr für Jahr flossen dreistellige Millionenbeträge in die Kassen der heimischen Wirtschaft. Damit war 1994 Schluß. Die Amerikaner räumten das Feld. Bitburg wurde mit schmerzhafter Wucht von der Entspannung der Weltpolitik getroffen. Wer sollte schon einen 500 Hektar großen Flugplatz als Immobilie kaufen? Dieses Problem hat sich mittlerweile gelöst. Auf dem Gelände der ehemaligen Air Base ist ein Gewerbe-, Freizeit- und Dienstleistungszentrum entstanden.

Der Abzug der Amerikaner traf jedoch nicht nur die Stadt Bitburg hart, sondern auch den gesamten Landkreis Bitburg-Prüm, der ohnehin Strukturschwächen aufweist. Diese liegen zum einen in der geringen Bevölkerungsdichte begründet, denn obwohl Bitburg-Prüm flächenmäßig der größte Landkreis in Rheinland-Pfalz ist, ist er mit rund 96.000 Einwohnern gleichzeitig der am dünnsten besiedelte. Zum anderen ergibt sich ein Wettbewerbsnachteil durch die – im Vergleich zum fruchtbaren und tiefgründigen Bitgau – ärmere Region im Nordosten des Kreises, der Schnee-Eifel, die dort Schneifel heißt und auch als Islek bezeichnet wird. Die Zusammenlegung von Bitburg und Prüm zu einem Kreis im Jahr 1970 paßte daher auch nicht jedem: „Da wächst zusammen, was nicht zusammengehört."

Wie es um die Region ohne den größten Arbeitgeber, die Brauerei, bestellt wäre, hinterfragt man besser nicht. Das heutige Produktionsvolumen von 4,1 Millionen Hektolitern Bier hätte sich der Firmengründer Johann Peter Wallenborn sicher nicht träumen lassen, als er anno 1817 seine kleine Landbrauerei gründete. Ausgestattet mit dem Handwerkszeug und den technischen Überlieferungen seines Vaters braute er obergäriges Bier. Mit fortschreitender Technik gelang es seinem Enkel Theobald Simon, die Produktion im Jahre 1883 auf untergäriges Bier zu erweitern.

Das Herz der Bitburger Brauerei schlägt im Sudhaus. Mit einem jährlichen Bierausstoß von 4,1 Millionen Hektolitern ist das Premium-Pils aus der Eifel die Nummer drei im Land. Zusammen mit der alkoholfreien „Tochter" Gerolsteiner Mineralbrunnen gehört man zu den größten Arbeitgebern in der Eifel.

Der Schatz, der Bitburgs Kapital ausmacht, heißt Wasser. Das mineralstoffreiche Tiefenwasser sammelt sich in der „Bitburger Mulde", 300 Meter unter der Erdoberfläche. Zuvor hat es sich durch abgelagerten Muschelkalk und eine 150 Meter dicke Buntsandsteinschicht gearbeitet. Wasser, Hopfen und Malz. Mehr braucht es für den Brauvorgang nicht. Aber natürlich ist die Sache viel komplizierter. Als nur für den örtlichen Durst gebraut wurde, kam die Gerste aus der Gegend von Gilzem-Eisenach, der Hopfen aus dem Bereich Kyllburg-Malberg. Heute können die Eifeler Hopfengärten wie die von Holsthum nur noch einen geringen Teil des Bedarfs decken. Riesige Rohstoffmengen müssen von weit her herangeschafft werden. Das Wasser jedoch kommt immer noch aus dem eigenen Brunnen aus 300 Metern Tiefe. 760 Kubikmeter stündlich. Eine weitere flüssige Spezialität der Südeifel ist der Eifelschnaps. Fast 200 Brennrechte wurden vergeben, vor allem an Landwirte, die eine zusätzliche Erwerbsquelle suchten. So werden jährlich bis zu 200 Tonnen Obst destilliert. Kernobst wie Apfel und Birne vor allem, aber auch Zwetschgen, Mirabellen und Schlehen.

Auf dem Weg nach Prüm entscheiden wir uns für einen weiten Schlenker hinab ins Tal der Enz nach Neuerburg, eines der beliebtesten Reiseziele im deutsch-belgischen Naturpark. Einst muß es die größte und stärkste Festung der Eifel gewesen sein. Rekonstruktionen legen diesen Schluß nahe. Neuerburg war uneinnehmbar. Im Jahre 1487 kam das Städtchen an die Grafen von Manderscheid, die den Ort bis zur Französischen Revolution hielten. Die grenznahe Lage erforderte den Bau gewaltiger Mauern und Bastionen. Das, was oberhalb der Durchgangsstraße auf einem Felsen steht, sind zwar nur noch Reste, doch die sind eindrucksvoll genug.

Das Stadtbild von Prüm wird von der ehemaligen Benediktinerabtei geprägt. Johannes Seitz erbaute sie nach Plänen seines Lehrherren Balthasar Neumann. In der ehemaligen Klosterkirche lohnen das Chorgestühl, die Altäre und die Orgel einen Blick. Hier stößt man auch auf das Grab Kaiser Lothars I., eines Enkels Karls des Großen, der sein Leben als Mönch dieses Klosters im Jahre 855 beendete. Prüm war das Lieblingskind, die bevorzugte Abtei der Karolinger. Sie bedachten das Kloster mit großzügigen Schenkungen bis hin zur Rhône und Loire, nach Holland und in die Bretagne. Im Jahre 721 wurde das Benediktinerkloster von Bertrada von Mürlenbach zur Missionierung der Nordeifel gestiftet. Papst Leo III. weihte 799 in Anwesenheit von Karl dem Großen das Gotteshaus ein, das anno 1721 durch den Neubau in gotisierendem Barockstil ersetzt wurde.

Nördlich von Prüm lockt das Wintersportgebiet um den „Schwarzen Mann", mit knapp 700 Metern die höchste Erhebung im deutsch-belgischen Naturpark, die Skifahrer an. Oder die Schönecker Schweiz, das Wacholdergebiet in Niedermehlen. In Bleialf, dem einzig größeren Ort in der Schneifel, wurde der Öffentlichkeit ein alter Bleiwerkstollen aus der Blütezeit des vergangenen Jahrhunderts zugänglich gemacht. Die Waldeinsamkeit wurde mit Fichten aufgeforstet, aber auch kleine Moorgebiete kommen vor.

Grenzgänge sind lohnend. Im deutsch-belgischen Naturpark nördlich von Prüm wie im deutsch-luxemburgischen Pendant westlich von Bitburg. Hier laden die Wanderwege an Our und Sauer zu vielen Entdeckungen ein. Vianden und das charmante Echternach mit seiner Springprozession sind auf luxemburgischer, Bollendorf und das Schloß Weilerbach am Westrand des Ferschweiler Plateaus auf deutscher Seite ein Muß. Das Ferschweiler Plateau ist in der Eifel ohne Beispiel: Nachweise von Kelten und Römern wurden hier gefunden, doch die Spuren gehen noch viel weiter zurück. Acht Menhire, die der Götterverehrung dienten, lassen auf eine Besiedlung in der Jungsteinzeit schließen. Das ist 5000 Jahre her. Ein mystischer Ort.

Westlich von Bitburg erstreckt sich der Naturpark Südeifel. Grenzgänge sind in der Luxemburgischen Schweiz besonders lohnend (oben).

Frühling auf dem Ferschweiler Plateau: Geologisch und kulturgeschichtlich gehört die acht Kilometer lange und vier Kilometer breite Naturfestung zu den interessantesten Phänomenen der Eifel (unten).

Außerhalb der Eifel nahezu unbekannt: Schloß Weilerbach, ein kostbares Rokoko-Lustschloß, wurde von Echternacher Äbten unweit der Sauer erbaut. Es befindet sich im Besitz des Landkreises Bitburg-Prüm, der das architektonische Kleinod mit zahlreichen Veranstaltungen, z. B. den Weilerbacher Schloßkonzerten, der Öffentlichkeit zugänglich macht.

Die Echternacher Springprozession zieht alljährlich am Pfingstdienstag zum Grab des heiligen Willibrord in die von ihm 698 gegründete Benediktinerabtei. Unter Musikbegleitung bewegen sich Tausende von Gläubigen in Viererreihen jeweils in drei großen Sprüngen vorwärts und zwei Sprünge rückwärts. Alltags ist Echternach ein liebenswerter, kleiner Marktort mit französischem Charme.

Sie heißen Irreler Wasserfälle, sind aber eigentlich eine Kette von Stromschnellen der Prüm am Rande des Ferschweiler Plateaus. Für Spaziergänger bieten die Wasserfälle ein rauschendes Schauspiel, für Wildwasserfahrer eine sportliche Herausforderung.

Das obere Tal wird meist verschmäht. Gewiß mit Unrecht. Allerdings hören bei Kreuzberg die eigentlich malerischen Partien auf. Das Flüßchen wird kleiner und kleiner, bis es zuletzt als schmaler Wiesenbach an seine Quelle sich anknüpft." Der Bonner Gelehrte Gottfried Kinkel „entdeckte" das Flüßchen, dessen Quelle wir uns in Blankenheim nähern, in der Mitte des vergangenen Jahrhunderts: die Ahr. Umrahmt von Fachwerkhäusern, beschützt von der Pfarrkirche und der sich darüber in den blauen Himmel schneidenden Burg entspringt die Ahr aus Dolomitsteinen des Mitteldevons unter einem Quellhaus aus dem Jahre 1726. Eingebettet in einen kleinen, gemauerten Kanal wird das Wasser dieser mächtigen Karstquelle – gespeist aus vier armdicken Zuflüssen mit 12 Litern pro Sekunde – durch den Ort geleitet. Über Kopfsteinpflaster verfolgen wir die ersten 100 Meter, vorbei an der großen Steinfigur des Heiligen Nepomuk aus dem 18. Jahrhundert. Blankenheim hat sich herausgeputzt. Vorbei sind die Zeiten, in denen vor „einem planlosen Wandern, das man leicht mit bitterem Hunger und bösem Quartier entgelten könnte", gewarnt wurde. Die behutsame Restaurierung hat dem historischen Ortskern gutgetan. Das mittelalterliche Gepräge mit den Resten der doppelten Ummauerung, Stadttoren, engen Gassen und der spätgotischen Pfarrkirche ist mit viel Atmosphäre wiedererwacht. Glanzvoll wurde im Mittelalter hoch über der Stadt auf der Grafenburg Hof gehalten. Die Herren von Blankenheim, seit dem späten Mittelalter mit den Grafen von Manderscheid verwandt, übten über Jahrhunderte hinweg ununterbrochen eine der größten Territorialherrschaften in der Eifel aus.

Groß ist die Zahl derer, die während der „tollen Tage" im Rheinland, dem Karneval, die Flucht in ein Eifel-Wochenende antreten. In Blankenheim indes kommen sie vom Regen in die Traufe. Hier wird Karneval mit einem schaurigen Geisterzug gefeiert, um die „finsteren, griesgrämigen Winterdämonen" zu vertreiben. In Bettlaken gehüllt, deren Zipfel an der Stirn zu zwei Hörnern geknotet sind, und mit Pechfackeln ausgestattet, schlängelt sich der Geisterzug zu rhythmischen Klängen durch die Gassen. Das Karnevalsbrauchtum in Blankenheim ist Jahrhunderte alt und hat seine Lebendigkeit bewahrt. So hat Blankenheim, was es sonst nur noch beim viel größeren Karnevals-Bruder in Köln gibt: ein Karnevalsmuseum. Im Georgstor wurden alle Unterlagen und Zeugnisse aus vergangenen Zeiten gesammelt. Reich und intakt zeigt sich die Natur außerhalb der Stadtmauern. Zahlreiche Arten wildwachsender Orchideen, aber auch Kuhschelle und Enzian blühen vom Frühjahr bis weit in den Herbst hinein, der oft an den „Indian summer" im amerikanischen Nordosten erinnert. Auf kalkhaltigen Flächen gedeiht zudem der seltene Trockenrasen. Eingerahmt von Erlen und Weiden, flankiert von Goldstern und Eisenhut, windet sich die Ahr die knapp 90 Kilometer zum Rhein bei Sinzig hinab. Ahrhütte, Ahrdorf, Altenahr und Ahrweiler, das Flüßchen leugnet seine Gegenwart nicht. Gespeist von vielen Bächen wird es immer mächtiger. Wie die Felsen am Ufer. Das Tal wird enger, gewundener, wild-romantischer. Mit Landskron und Aremberg werden unterwegs gar zwei mächtige Vulkane passiert. Die Gunst der Lage nutzend, bauten die Herren von Arberg auf letzterem im Mit-

telalter eine Burg. Einige Flußwindungen abwärts liegt der Ort Schuld auf einem von der Ahr umflossenen Felsausläufer. Hinter Dümpelfeld schwillt der Verkehrsstrom merklich an, nimmt doch ab hier die Bundesstraße den Verkehr vom Nürburgring

„Es ist keine Stelle, welche den eigentümlichen Zauber der Ahr so mächtig und tief auf den Beschauer wirken ließe", notierte Gottfried Kinkel beim Anblick der Burg Are hoch über Altenahr. Daran hat sich bis heute nichts geändert.

auf. Burg Kreuzberg, auf einem steilen Felsen über dem Zusammenfluß von Ahr, Sahr und Vischel, war eines der Lieblingssujets der literarischen Ahrwanderer. Sie diente den Kölner Erzbischöfen zur Sicherung ihrer Besitzstände im Tal. Von hier ist Altenahr mit der Burg Are nicht mehr weit und der Weinbau zum Greifen nah. Die Stadtbefestigung Ahrweilers kann sich mit Münstereifel und Oberwesel am Rhein darum streiten, die besterhaltenste des ganzen Rheinlandes zu sein. Der ovale Bering mit seinen Türmen und Wallgräben ist nahezu vollständig erhalten. Kurköln sicherte sich auf diese Weise auch hier seine Vormachtstellung.

Ab Altenahr weist uns die „Rote Traube" des Rotweinwanderwegs die Richtung. Zwischen Kreuzberg und Heimersheim erstreckt sich Deutschlands geschlossenstes Rotwein-Anbaugebiet. Der Rotwein-Anteil beträgt 80%. Spätburgunder vor allem, mit dem rund die Hälfte der 500 Hektar Rebfläche bestockt ist, aber auch Portugieser. Weiße Rebsorten spielen eine untergeordnete Rolle, Riesling und Müller-Thurgau folgen erst mit großem Abstand. Freilich hält der Wein nicht immer, was der Preis vermuten läßt. Das hat mit den Gesetzen der Marktwirtschaft zu tun: Die Menge ist knapp, die Nachfrage vor den Toren Kölns und Bonns immens. Überzeugende Qualitäten liefern die Ahr-Winzergenossenschaft in Bad Neuenahr-Ahrweiler sowie die Kooperativen in Mayschoß und Walporzheim. Wenn es jedoch darum geht, in der Welt des Weins

Flußaufwärts, wie hier bei Ahrbrück, verirren sich die Weintouristen kaum. Wirtshäuser werden seltener, die Straßen schmaler, der Fluß jedoch offenbart seine wildromantische Schönheit (oben).

In Altenahr bleibt der Wein nicht lange in seinen Fässern. Was nicht vor Ort in den rustikalen, gemütlichen Weinstuben getrunken wird, findet im Gebiet Köln-Bonn trotz stolzer Preise schnellen Absatz (links).

den Ruf der Ahr zu mehren, steht eine Handvoll Privatbetriebe in vorderster Reihe. Sie haben sich auf die Stärken der Region besonnen: trockene Spätlesen, klassisch oder im kleinen Eichenholzfaß, dem Barrique, ausgebaut. Das Weingut Meyer-Näkel in Dernau zählt dazu, Adeneuer in Ahrweiler, Stodden in Rech.

Der Weinbau an der Ahr läßt sich bis ins 8. Jahrhundert zurückverfolgen, die Tradition der Familie Cossmann bis zum Jahre 1574. Seit sich 1980 durch Heirat zu dem Namen Cossmann der von Wolfgang Hehle gesellte, ging es mit dem Weingut Deutzerhof in Mayschoß steil bergauf. Vorläufiger Höhepunkt: Mit zehn Helfern erntete Hehle in der Lage „Altenahrer Eck" eine Spätburgunder-Trockenbeerenauslese mit einem Mostgewicht von 260 Grad Öchsle, was etwas über den Zuckergehalt des Mostes aussagt. Genauer: Vergleichbar ist diese Süße mit der Wirkung von 625 (!) Gramm Zucker auf einen Liter Wasser. Das hat es in Deutschland beim Spätburgunder noch nicht gegeben. Doch die Jagd nach den Öchsle-Graden allein reicht nicht zum guten Wein, ist zudem mit viel witterungsbedingtem Risiko verbunden. Zwei Drittel seiner sieben Hektar Rebfläche hat Hehle mit Spätburgunder bepflanzt. Seine Philosophie: konsequenter Rebschnitt, selektionierte, mehrfache Lese. Dementsprechend niedrig sind die Durchschnittserträge. Gerade einmal die Hälfte von dem, was der Gesetzgeber fordert. Das Ergebnis: ungemein stoffige Weine mit enormer Fruchtdichte. Seine trockene 93er Spätburgunder Auslese trägt statt der Lagenbezeichnung den Zusatz „Grand Duc Select". Sie wird erst zur Jahrtausendwende ihr enormes Potential entfalten, betört aber schon heute durch ihr Bouquet von Pflaumen und Schokolade, von Karamel und Vanille. „Grand Duc" ist in Frankreich der Name für den Uhu, der in den Weinbergslagen seine Brutplätze hat. Den Erlös dieses Weines stiftet Hehle dem Artenschutz.

Der tiefe Einschnitt des Ahrtals in den Eifelrücken verhindert den Einbruch kalter Luftmassen. Der steinige Grund der Schiefer- und Grauwackehänge (dunkler Sandstein) speichert tagsüber die Wärme, die Ahr wirft die Sonnenstrahlen durch Reflektion zurück. Ein Klima wie geschaffen für den Weinbau mit entsprechend hohen Durchschnittstemperaturen.

Leicht lassen sich die geologischen Unterschiede ausmachen: Das untere Ahrtal, zum Rhein hin, wird durch Gartenlandschaften geprägt, der Mittellauf durch schroffe, gewundene Felspartien. Hier, auf den kargen Schieferterrassen von Mayschoß, Dernau und Marienthal reifen die vorzüglichen Spätburgunder mit den pinottypischen Himbeeraromen heran.

Heute ist der Ahrwein ein Selbstläufer. Das war nicht immer so. So gab es zwar in den Jahren 1835 und 1836 viel Wein, aber durch knebelnde Zollverträge keinen Absatz. In dieser Situation schritten 18 Winzer zur Selbsthilfe. „Überleben können wir nur zusammen", dachten sie und gründeten 1868 den „Winzerverein Mayschoß". Damit war die älteste Winzergenossenschaft im Lande geboren. Heute bewirtschaften 280 Mitglieder – Nebenerwerbs- und Feierabendwinzer vor allem – 120 Hektar Rebland. Zur Hälfte wird Spätburgunder, die Leitrebe der Ahr, angebaut, außerdem Riesling, Müller-Thurgau und Kerner.

Nicht ganz so bekannt sind die Weine von Rech. Dafür ist die alte, steinerne Ahr-

In Mayschoß sitzt die älteste deutsche Winzergenossenschaft. Hochwasser und Frost, Zölle und billiger pfälzischer Wein drückten die Ahr-Winzer weiland an die Wand. Weinhändler nutzten die Not, spielten die Winzer gegeneinander aus. Erst der Zusammenschluß in Genossenschaften 1868 brachte wirtschaftliche Sicherheit.

Bogenbrücke mit ihrem Brückenheiligen Sankt Nepomuk eines der meistfotografierten Motive im Tal überhaupt. Nebenan, in Dernau, lohnt ein Blick zum Augustinerinnenkloster Marienthal, heute Sitz der staatlichen Weinbaudomäne. Die scheunentorgroßen Stahltüren am Fuße der Weinberge sind keine Weinkeller, vielmehr Relikte des Kalten Krieges. Von hier aus, dem ehemaligen Ausweichsitz der Bundesregierung, sollte im Krisenfall das Land regiert werden. Die gesamte Bonner Ministerialbürokratie wäre in den kilometerlangen Gängen untergekommen.

Zurück ans Tageslicht: Über das weinfrohe Walporzheim geht es zu den beiden ungleichen Schwestern Bad Neuenahr-Ahrweiler. Vor dem Bindestrich der moderne, noble Kurort mit Spielbank und den modernen Ahrthermen, dahinter der gemütliche Weinort. Ein stadtmauerneingefaßtes Juwel mit Toren und Türmen, Wallgraben und Wehrgang. Noch heute wurmt es so manchen Lokalpatrioten in Ahrweiler, daß Bad Neuenahr im Doppelnamen die erste Stelle einnimmt. Dabei war es einer von „ihnen", der Kaufmann Georg Kreuzberg, der im Jahre 1852 den Grundstein für die spätere Zusammenführung legte. Kreuzberg war es auch, der auf seinem Gelände eine unbekannte mineralische Quelle entdeckte, die heute eine Weltmarke ist und für viele Brot und Arbeit bedeutet. Da sich in der Nähe ein Bildstock des heiligen Apollinaris befand, war ein Name für die Quelle rasch gefunden …

Rech lebt vom Weinbau und Tourismus. Auf der Brücke über die Ahr hält Nepomuk Wache. Offenbar recht wirkungsvoll: Als einzige Ahrbrücke widerstand sie der Flut im Jahr 1910.

Die mittelalterliche Stadtbefestigung von Ahrweiler stammt aus der Zeit von 1255 und ist in ihrer Geschlossenheit in der Region nahezu ohne Beispiel. Wie hier am Niedertor öffnet sich dahinter mal pulsierendes, mal beschauliches Leben mit Fachwerkromantik und Weinstuben (oben).

Das Kurhaus in Bad Neuenahr stammt aus der Jahrhundertwende und wurde im neobarocken Stil errichtet (links).

Blankenheims Malerwinkel: Im Quellhaus (hinten rechts) schlägt die Geburtsstunde der Ahr. Karnevalsmuffel, die aus dem Rheinland hierhin geflüchtet sind, werden die Hände über dem Kopf zusammenschlagen. Nirgends sind die Karnevalsbräuche so lebendig. Sehenswert sind der Geisterzug am Karnevalssamstag sowie das örtliche Karnevalsmuseum.

BACCHUS KELLER

Knapp 90 Kilometer trennen die Quelle der Ahr von der Mündung. Besonders zwischen Bad Neuenahr und Altenahr läuft am Wochenende der Tourismus auf Hochtouren. Die einen wollen zum Wein, die anderen zum Nürburgring. Unter der Woche entzieht man sich der mitunter drangvollen Enge vortrefflich. Dann ist das Ahrtal – wie hier bei Altenahr mit seiner gleichnamigen Burg auf der Bergspitze – wieder ein von der Welt vergessenes Seitental des Rheins mit schroffen Felsformationen, Weinbergen und Burgruinen.

Der Blick schweift ins Unermeßliche der Vulkaneifel. Wir sind die wenigen Fußminuten von der Straße auf den Rand des Windsborn hinaufgestiegen, den einzigen echten Vulkankratersee in Deutschland. Die Augen suchen über die Bergrücken der Mosenberg-Gruppe hinweg den Horizont ab, dessen fahle Umrisse mit der Luft verschwimmen. Ein mystischer Ort – ein Eindruck, der sich durch das Kreuz auf dem bizarren Felsvorsprung am südlichen Kraterrand noch verfestigt. Für den Laien unterscheidet sich der Windsborn zunächst kaum von den anderen acht Maaren in der Vulkaneifel, die ebenso mit Wasser gefüllt sind. Der Geologe jedoch hebt die Augenbraue: „Der Windsborn ist, obwohl häufig so benannt, kein Maar. Hier handelt es sich um einen Schichtvulkan mit Kratersee."
Das Triumvirat der drei Dauner Maare – Gemündener, Weinfelder und Schalkenmehrener Maar – ist weit über die Eifel hinaus bekannt. Beim Mosbrucher, Booser oder Strohner Maar indes schwindet die Reihe der Kundigen. Rund 60 Maare sind dank moderner geophysikalischer Methoden mittlerweile nachgewiesen worden. Ein einmaliges vulkangeformtes Landschaftsbild. Das Herz der Eifel, sagen die Tourismus-Manager. Wir empfinden es eher als die Seele der Region. Allein, weil man tiefe Einblicke ins Erdinnere, die Erdgeschichte, die Naturgewalten bekommt. Geologisch betrachtet ist die Vulkaneifel wohl die faszinierendste Landschaft in Mitteleuropa.
Auch heute, 10.000 Jahre „danach", weckt der Name Vulkaneifel Vorstellungen von aufregenden, schaurigen, weil unerklärbaren Vorgängen. Die Besonderheiten vulkanischen Ursprungs treten allenthalben zutage: In Strohn, wo eine 2000 Zentner schwere Basaltkugel, die „Lavabombe", die Durchfahrt versperrt, in Wallenborn auch. Dort geschieht alle 35 Minuten Sonderbares:
Kleine Grüppchen von Neugierigen stehen um ein ruhiges Gewässer herum, das nicht größer ist als der Teich im Garten eines Reihenhauses. Plötzlich schäumt die Oberfläche wie kochendes Wasser auf. Des Rätsels Lösung: Im Erdinnern aufgestautes Kohlensäuregas entweicht periodisch. Kohlensäuregas, das dem vulkanischen Gestein entströmt, ist auch verantwortlich für das reiche Mineralwasservorkommen der Eifel. An über 500 Stellen sprudeln kleine und große natürliche Mineralquellen ans Tageslicht. 100 sind davon frei zugänglich. Oft sind sie ein Geheimtip und längst nicht so leicht zu finden wie die in Steinborn, Dreis, Manderscheid oder Strotzbüsch. Mal sind die Quellen – im Volksmund „Horn" oder „Drees" genannt – als Dorfbrunnen ausgebaut, mal in Quelltempel gefaßt oder einfach im Wald versteckt. Keine schmeckt wie die andere: Ihre unterschiedlichen Geschmacksrichtungen basieren auf den hohen Anteilen von Eisenoxyd, Magnesium oder Calzium.
Das Interesse der Touristen und Wanderer wird hier ernst genommen, sind doch all die vulkanischen Erscheinungen erklärungsbedürftig: Da gibt es einen Geo-Pfad (in Hillesheim), einen Geo-Park (in Gerolstein), eine Geo-Route (in Manderscheid) und neuerdings auch ein Geo-Zentrum in Daun, das alle Geo-Aktivitäten in der Vulkaneifel koordiniert. Ein wenig durcheinander kommt man da vor lauter Geo schon. Dauner Gymnasiasten reimten gar: „Eifler Geomanen erfinden immer neue Geo-Namen". Die Stoßrichtung dieser sanften Art des Tourismus ist klar: „Nur wer seine Umwelt kennt, kann sie schützen." Kein Disney-Park des Vulkanismus also, vielmehr Auseinandersetzung mit den natürlichen Lebensgrundlagen.
240 erloschene Vulkane, 60 Maare, „Lavabomben", Mineral- und Thermalquellen kann man am Tage bestaunen – klar, daß wir auch in der Nacht unser Haupt auf vulkanischem Untergrund betten wollen. Das Schloß-Hotel „Kurfürstliches Amtshaus Dauner Burg" macht diesen Traum möglich. Hoch über der Kreisstadt Daun liegt es majestätisch auf einem Vulkankegel. Errichtet wurde die Burg im 10. Jahrhundert von den Herren von Daun auf einem fast senkrecht abfallenden Felsen aus Säulenbasalt. Nach den Raubzügen Ludwigs XIV. blieb wenig von der Befestigungsanlage stehen. Im Jahre 1712 ließ der Trierer Kurfürst auf diesem Grund ein Amtshaus errichten. Von der imposanten mittelalterlichen Anlage sind zwar nur noch wenige Reste – wie das Außentor mit dem Wächterhaus und ein Basteiturm – erhalten, ein schöneres, kultivierteres Nachtquartier wird man in der Eifel indes kein zweites Mal finden.

Ist streng genommen gar kein Maar: Der Windsbornkratersee an der Mosenberg-Gruppe ist der einzige Bergkratersee nördlich der Alpen.

Daun ist der Mittelpunkt der Vulkaneifel: Bundesstraßen kreuzen sich hier, ebenso vier wichtige Wanderwege. Das milde Reizklima macht das sympathische Städtchen zum heilklimatischen Kurort. Zehn Prozent der Wirtschaftskraft (doppelt so viel wie die Landwirtschaft) bringt der Tourismus in der Vulkaneifel auf und sichert damit 2500 Arbeitsplätze. Kniebundhosen signalisieren: Hier haben die Wanderer – auf den vom Eifelverein vorbildlich markierten Wegen – ihr Reich. Auf diese wirken die „Augen der Eifel" wie ein Kraftfeld. Magnetisch ziehen die Maare an, keines gleicht dem anderen. Das Ulmener Maar ist an Schönheit und Romantik, das Weinfelder an sanft verträumter Melancholie kaum zu überbieten, während das tiefe, waldgesäumte Gemündener Maar einem Trichter gleicht. Wie in Ulmen wird auch in Schalkenmehren das Maar vom Menschen, dessen Besiedlung bis an das Ufer reicht, stark beeinflußt. Wer auf dem Sattel zwischen dem Weinfelder und Schalkenmehrener Maar steht, kann die Unterschiede mit bloßem Auge ausmachen. Ein flaches Seeufer mit gelbgrünem Wasser hier, ein steiles Seeufer mit blauem Wasser dort. Doch die Idylle trügt. Nicht nur hier. Ob Pulvermaar (mit 71 Metern Deutschlands tiefstes Binnengewässer), Meerfelder oder Holzmaar. Sie alle sind durch die Nährstoffanreicherung (Eutrophierung) von der Verlandung bedroht. Folge der Landwirtschaft, Folge aber auch der Freizeitgesellschaft, die die Maare als Freibad oder Angelparadies nutzt. Das zuständige Umweltministerium hat die Gefahr erkannt. In einer umfangreichen Studie wurden die Maare hydrologisch beschrieben, die Ursachen der Mißstände benannt, Sanierungspläne aufgezeigt und bereits teilweise umgesetzt.

Die Straße, die das Weinfelder vom Schalkenmehrener Maar trennt, führt uns nach Brockscheid. Keiner würde auf die Idee kommen, dieses Dorf als Ausflugsziel anzusteuern, gäbe es dort nicht eine Glockengießerei. Cornelia Mark ist Glockengießerin in der sechsten Generation. Ihre Vorfahren waren Kanonen- und Wanderglockengießer, bis August Mark im Jahre 1840 in Brockscheid seßhaft wurde. An der Herstellung der Glocken

hat sich bis heute nichts geändert. Alles Handarbeit. Die Glockenform wird in sechs bis acht Wochen in zahlreichen Arbeitsgängen aus Ziegelsteinen, Lehm, Pferdemist und Rinderhaaren hergestellt. Der eigentliche Glockenguß findet fünfmal im Jahr statt. Dann fließt 1100 Grad heiße Bronze durch ein ausgeklügeltes Kanalsystem in ihre Form. Jede Gießerei hat ihren eigenen Stil – pardon – Klang. Mehr wird dem Besucher nicht verraten. Außer, daß sich die Bronze aus 78 Teilen Kupfer und 22 Teilen Zinn zusammensetzt.

Weiter geht es nach Manderscheid. Anziehungspunkt sind die beiden Burgen im Liesertal. Den schönsten Blick gewährt das Kaisertempelchen am Ortsrand. Von hier führt auch ein Felssteig hinab ins Tal. Noch heute sind die beiden Burgen steingewordene Zeugnisse der mittelalterlichen Wirren. Manderscheid und die Oberburg, eine der ältesten der Eifel, gehörten zu Kurtrier, die größere Niederburg nebst befestigter Talsiedlung zu Luxemburg. Auge um Auge, in Steinwurfreichweite stand man sich gegenüber, bis französische Revolutionstruppen der Adelsherrschaft ein Ende bereiteten.

Auf dem Weg zur fischreichen Kyll lohnt der Abstecher ins Tal der Salm zum Kloster Himmerod. „Das ist wirklich ein Eiland für die allerseligste Jungfrau Maria", rief Bernhard von Clairvaux aus, als er im 12. Jahrhundert den Talabschnitt zwischen Großlittgen und Eisenschmitt passierte. Heute ist dieser Abschnitt eine der schönsten Passagen des Salmtals, gekrönt von der mächtigen Barockfassade des Klosters, die aus dem Dunkel der Wälder unvermittelt inmitten saftiger Wiesen auftaucht. Damals jedoch – zur Zeit des heiligen Bernhard – war die Salm noch ungebändigt, die Wiesen versumpft, Urwald ringsum. Wie geschaffen für den Orden der Zisterzienser, die die harte, körperliche Arbeit als Teil ihrer Philosophie verstehen. Beim Neubau des Klosters ab dem Jahre 1735 war der beauftragte Barockbaumeister Christian Kretschmar nicht zu

Die Gründung des Kollegiatsstiftes in Kyllburg – hier der Kreuzgang – im Jahre 1276 durch den Trierer Erzbischof galt als Affront gegen Luxemburg. Die Stiftskirche zählt zu den kostbarsten Bauten der Gotik im Rheinland (oben).

Handwerk nach alter Tradition: Die Glockengießerei Mark in Brockscheid verwandelt das nach Seelen zu zählende Dorf in eine Touristenattraktion (unten).

beneiden. Als Vertreter von Pracht und Prunk mußte er für einen Orden planen, für den Demut und Bescheidenheit oberste Zier ist. So entwarf er die mächtige Barockfassade, die wie ein gewaltiger Turmbau wirkt, ohne einer zu sein.

Bei Kyllburg stoßen wir auf den schönsten und windungsreichsten Abschnitt der Kyll, das Hauptgewässer der Eifel. Sie entspringt an der deutsch-belgischen Grenze und mündet unterhalb von Trier-Ehrang nach 142 Kilometern in die Mosel. Über Mürlenbach thront die Bertrada-Burg. Die Urgroßmutter Karls des Großen hat hier gelebt. Da auch die Mutter des Karolinger-Kaisers den Namen Bertrada trug, könnte Karl der Große hier geboren worden sein. Könnte! Doch das glauben wohl nur die Einheimischen …

Nun ist Gerolstein nicht mehr weit. Schon grüßen die bizarren Dolomitfelsen über der Stadt, die den Boden für eine besonders reiche Pflanzenwelt bereiten. Geprägt wurde und wird die Brunnenstadt durch viele Heil- und Mineralquellen, die aus den Kalkbodenschichten sprudeln. Zwei Dauerausstellungen ragen aus der Museumslandschaft heraus: Das Naturkundemuseum im alten Rathaus zeigt eine beachtliche Sammlung an Fossilien und Mineralien. Einen besonderen Zweig der Drahtwarenherstellung zeichnet das Nerother Mausefallenmuseum am Fuße des erloschenen Vulkankegels „Nerother Kopf" nach. Ohne Beispiel ist die durch Kaiser Wilhelm II. eingeweihte Erlöserkirche. Für gerade einmal 90 Evangelen im katholischen Gerolstein wurde sie zwischen 1911 und 1913 als hundertster und letzter Bau des Berliner Kirchenbauvereins in die Höhe gezogen. Heute werden hier in katholisch anmutender Pracht evangelische Inhalte verkündet. An monumentalem Prunk ist das Gotteshaus kaum zu überbieten. Die gewaltige Kuppel ist mit einem aus 25 Millionen Einzelteilen zusammengesetzten Goldmosaik bedeckt, die Wände mit Marmor verkleidet. Man muß nicht Kunstgeschichte studiert haben, um sich zu fragen, wie eine Kirche im byzantinischen Stil zu einer Zeit errichtet werden konnte, als die Schwelle zur Moderne längst überschritten war. Kitschig? Ja, und eine Provokation war es für die damalige Bevölkerung auch. Trotzdem ist dieser Rotsandsteinbau ein überraschendes wie einmaliges Erlebnis.

Bei den Vorarbeiten für die Errichtung der Erlöserkirche tat man einen Glücksgriff. Mit der „Villa Sarabodis" wurden Ruinen eines ehemaligen römischen Herrensitzes aus dem 1. Jahrhundert freigelegt. Friedlich kann die römische Besiedlung hier nicht geendet haben: Der Brandschutt lag einen Meter hoch. Zudem lassen die in Gräbern gefundenen Skelette von 27 jungen Männern ein dramatisches Ende vermuten.

Ehe man dem Lauf der Kyll weiter folgt, lohnt ein Abstecher zur 800jährigen Kasselburg. Rund um eine der schönsten Stauferburgen des Landes hat ein Adler- und Wolfspark seine Heimat. Die markanten Schreie des Gänsegeiers hallen durch den Burghof, Turmfalken und Mönchsgeier mit ihrer unglaublichen Spannweite von 2,80 Metern bevölkern die Mauernischen. 50 Greifvögel werden von einem Falkner betreut, dem man bei den Flugvorführungen über die Schulter blicken kann. Ein paar Schritte weiter, im großen Gehege am Burghang, läßt sich das größte in Westeuropa lebende Wolfsrudel bei der Fütterung beobachten.

Über Jünkerath, dessen Eisenmuseum ein besonderes Kapitel der Orts- wie Eifelgeschichte aufarbeitet, und Stadtkyll wird

Glaubt man den Einheimischen, stand auf der Bertrada-Burg bei Mürlenbach die Wiege Karls des Großen.

Ein Eldorado für Kletterer: Die Gerolsteiner Dolomiten (oben links).

Die Vorführungen des Falkners sind die Attraktion im Adler- und Wolfspark an der Kasselburg bei Pelm (oben rechts).

über das obere Kylltal Kronenburg erreicht. Ein typisches Burgendorf, für das die Eifel mit Neuerburg und Reifferscheid weitere Beispiele kennt. In Kronenburg tickten die Uhren im 16. Jahrhundert anders: Im übertragenen Sinne, als das zum luxemburgischen Herrschaftsbereich gehörende Dorf im Jahre 1555 spanische Enklave („Spanisches Ländchen") wurde, wortwörtlich, als Papst Gregor VIII. 1582 den Gregorianischen Kalender einführte, in Kronenburg aber alles bei der alten Datierung blieb. So kam es, daß im Kronenburger Land – also auch in Dahlem und Baasem – die Weihnachtsglocken läuteten, während andernorts längst das neue Jahr begonnen hatte.

Kurioses in doppelter Hinsicht auch in Mirbach, an der Ländergrenze zwischen Rheinland-Pfalz und Nordrhein-Westfalen: Die 1902 im neoromanischen Stil erbaute Erlöserkapelle strotzt mit monumentalem Gepräge, goldglänzenden Mosaiken, edelsten Materialien und dem Formenreichtum der Romanik. Man fühlt sich beinahe überfordert, überwältigt von diesem Prunk zwischen Misthaufen und Viehweiden. Wer sich dabei an die Erlöserkirche in Gerolstein erinnert, trifft die Sache im Kern. In Mirbach steht das Vorbild. Initiator der beiden Gotteshäuser war Ernst von Mirbach, Vorsitzender des Evangelischen Kirchenbauvereins. Er hat auch den Bau des zweiten Kuriosums, einer künstlichen Burgruine, veranlaßt. Das kam so: Um 1200 nannten die Herren von Mirbach zwei Bauernhöfe im gleichnamigen Ort ihr eigen. Im Spätmittelalter verließen sie die Eifel, und so wäre die Geschichte folgenlos geblieben, wenn nicht der junge Ernst von Mirbach mit seinem Vater eher zufällig denn absichtlich Mirbach besucht hätte. Ergriffen vom Leben seiner Vorfahren, geblendet von einigen Mauerresten, die er als die Stammburg der Herren von Mirbach ausmachte – gegeben hat es diese freilich nie – ließ er, gleichsam als „Ruinenbaumeister", eine Burgruine als Neubau entstehen.

Wer den Händlern auf dem Hillesheimer Viehmarkt zusehen will, muß früh aufstehen – und versteht meist nur Bahnhof. Um sich nicht in die Karten schauen zu lassen, sprechen sie oft „Jenisch", eine alte Geheimsprache.

Wer hier schon nicht mehr die Welt versteht, versteht im Marktort Hillesheim gar nichts mehr. Zweimal im Monat, an jedem ersten und dritten Donnerstag, findet hier einer der größten Viehmärkte Deutschlands statt. Frühaufsteher werden dann mit einer sonderbaren Sprache begrüßt, dem Jenischen. Das erinnert ein wenig an das Jiddische, an die Sprache der Zigeuner auch, wurde vor allem von den Hausierern aus Neroth bis in die 60er Jahre benutzt. Heute hört man die alte Geheimsprache nur noch auf dem Viehmarkt, damit kein Außenstehender den Händlern in die Karten schauen kann.

Touristisch wird der Nürburgring vom Ahrtal aus beworben, landschaftlich kann man ihn aber getrost noch der Vulkaneifel zuschlagen. Im Jahre 1927 in Zeiten bitterer Not und großer Arbeitslosigkeit eröffnet, wurde der Ring durch Namen wie Rudolf Caracciola oder Juan Manuel Fangio schnell zur Legende. Der spektakuläre Feuerunfall von Nicki Lauda leitete Mitte der 70er Jahre das Ende der längsten und schwersten Rennstrecke der Welt ein. Heute gibt es derer zwei, sind die Perspektiven rosiger denn je. Auf der gut 20 Kilometer langen Nordschleife tummeln sich die Nostalgiker, während die Formel 1 im Herbst 1995 vielumjubelt auf die neugebaute, viereinhalb Kilometer lange Grand-Prix-Strecke zurückgekehrt ist. Michael Schumacher gewann als erster Deutscher ein Formel-1-Rennen auf dem „Ring". Doch fährt man vielgleisig im Schatten der Nürburg, die Saison ist ganzjährig: Europameisterschaftsläufe der Trucks und Oldtimer, Tourenwagenmeisterschaft, 24-Stunden-Rennen, das modernste Fahrsicherheitszentrum Europas, ein Rennsportmuseum, Rockkonzerte. Der Ring lebt und ist für die Region als Wirtschaftsfaktor unverzichtbar.

Hier das laute Dröhnen von PS und Phonstärken, dort die versunkenen Welten der Maare. Rege ist der Kurbetrieb in Bad Bertrich mit der einzigen warmen Glaubersalzquelle in Deutschland. Einsam sind die Täler wie am Dreimühlen-Wasserfall im Ahbachtal, der durch Kalksinterablagen jährlich um acht Zentimeter wächst, oder an der letzten wassergetriebenen Holzmühle des Rheinlandes im Lohsalmtal bei Meisburg. Lauter Gegensätze, die diese vulkangeformte Landschaft so reizvoll machen.

Die Renaissance eines Klassikers: Mit Formel-1-Weltmeister Michael Schumacher kehrte die Königsklasse des Automobilrennsports in die Eifel zurück. Volle Ränge sind garantiert und sichern der Region Arbeitsplätze.

Melancholie macht sich beim Anblick des Weinfelder Maars bei Daun in den Abendstunden breit. Dann paßt der Begriff „Totenmaar“ noch besser. Die Bezeichnung rührt von den Pestopfern her, die im 16. Jahrhundert hier bestattet wurden, da sich der Friedhof der heute noch existierenden Uferkapelle als zu klein erwies. Zusammen mit dem Gemündener und Schalkenmehrener Maar ist bei Daun vor 30 000 Jahren ein eindrucksvolles Dreigestirn der Maare entstanden.

Die Manderscheider Burgen liegen sich wie zwei feindliche Schwestern gegenüber. Am letzten Wochenende im August findet alljährlich der Zeitsprung ins Mittelalter statt. Ritterspiele, Handwerkskunst, Minnesang und Gaukler machen das historische Burgenfest zu einem Erlebnis.

Die Ruine Nürburg steht auf einem 679 Meter hohen, tertiären Vulkan, der etwa 33 Millionen Jahre alt ist. Die erste Burg wurde hier am Scheitelpunkt zwischen Kurtrier und Kurköln um 1150 errichtet. Der mächtige Bau, der teilweise erhalten ist, überrascht im Inneren durch ein Rippengewölbe über spätromanischen Konsolen. Grandios ist der Ausblick von der oberen Plattform: Beinahe die gesamte Eifel liegt dem Betrachter zu Füßen.

BG. 5 Wider

Dort, wo der Blick auf das Brohltal am schönsten ist, kann man nicht anhalten. Wir sind auf der Autobahn 61 Richtung Süden unterwegs, können die landschaftlichen Schönheiten, die im Fünf-Minuten-Takt wechseln, blind aufzählen: erst das Ahrtal, dann die Brücke über den Vinxtbach, die Hufeisen-Form des Bausenberg-Kraters, endlich die Brohltal-Brücke. Eine Bilderbuchlandschaft, in der man sich Pinsel und Palette herbeiwünscht. Alte Traßbrüche (Traß = Bimstuffstein), sanft gewellte Wiesen und Weiden, die Dörfer Nieder- und Oberzissen in der Bildmitte, als krönender Abschluß die mächtige, das gesamte Brohltal beherrschende Burgruine Olbrück im Bildhintergrund. Von den Grafen von Wied erbaut, erhielt die Anlage um 1345 den wohl großartigsten, wohnturmartigen Bergfried des 14. Jahrhunderts. Die Franzosen konnte das knapp 350 Jahre später nicht beeindrucken. Sie sprengten die Burg, die dann zeitweise als Steinbruch genutzt wurde. Heute ist die Ruine auf dem Bergkegel in Privatbesitz. Der Bergfried jedoch ist zugänglich. Der Ausblick auf die vulkangeformte Osteifel lohnt die Mühe des Aufstiegs. Auch mit der Bahn kann man sich dem Brohltal nähern. Nostalgisch geht es mit dem „Vulkan-Express“ der Brohltalbahn mit Tempo 20 in der Holzklasse von Brohl am Rhein das Tal hinauf.

Auch wenn man über die Autobahn nur auf der Durchreise ist: Man lernt zwischen Mendig und Kruft einiges über die Verwurzelung von Industrie und Vulkanismus. Wie von Heuschrecken angefressen zeigen sich die vulkanischen Kuppen entlang des Asphaltbandes. Basaltsteine werden hier dem Boden abgerungen und vor allem Bims. Die Blütezeit freilich ist vorbei. 800 Bims-Betriebe hat es im Neuwieder Bekken einmal gegeben, heute sind es nur noch 50, und die beziehen ihren Bims vor allem aus der Türkei. 90 Prozent der Bodenschätze sind abgebaut. Zurück bleiben aufgeschlagene geologische Bilderbücher wie die faszinierende Bims-Steilwand am Wingertsberg. Mühsam rang ein japanischer Vulkanologe beim Anblick der Wingertsbergwand um Fassung: „Tausende Vulkane habe ich auf der Welt gesehen. Nirgendwo ist mir die Technik so klar geworden, wie an dieser einzigartigen Wand.“

Wir verlassen die Autobahn, fahren ins tief eingeschnittene Laach-Tal. Die Wanderung um den Laacher See, den größten Vulkansee der Eifel, dauert knapp zwei Stunden, gibt allerdings nur selten den Blick auf das Wasser frei. Nichts erinnert mehr an die Vulkankatastrophe, die sich vor 10.000 Jahren abgespielt haben muß. Dabei ist mehr Asche in die Luft geschleudert worden als bei allen anderen Eifelvulkanen zusammen. Durch die gewaltige Eruption brach der Boden des Laacher Beckens ein und füllte sich mit Wasser. Johann Wolfgang v. Goethe, der den See im Jahre 1815 besuchte, hatte am vulkanischen Ursprung dieser Landschaft allerdings erhebliche Zweifel: „So muß es mir mit Gewalt abgenötigt werden, wenn ich etwas für vulkanisch halten soll, ich kann nicht aus meinem Neptunismus heraus.“

Als Neptunist nahm Goethe für den Laacher See keinen vulkanischen Ursprung – wie es die Plutonisten behaupteten – an. Vielmehr hielt er alle Gesteine für die Ablagerungen eines Ur-Meeres. Ein lite-

Einer der schönsten Ausblicke, die die Autobahn 61 zwischen Bad Neuenahr und Koblenz bietet, ist jener ins Brohltal. Niederzissen drängt sich in den Vordergrund, die Burg Olbrück rundet das Panorama ab.

ten mit den vier Löwenmäulern, aus denen Wasser in die vier Himmelsrichtungen fließt. Ein Blick auf die Abtei genügt, um ihren Stifter als Parteigänger der Salier zu erkennen. Romanik in Vollendung. Das Baumaterial fand man vor der Haustür: aus graugelbem Tuff sind die Wände, aus blauschwarzem Lavagestein die umlaufenden Bogenfriese. 1892 übernahmen die Benediktiner das Kloster, nachdem es im Zuge der Säkularisation erst aufgelöst, später dann von den Jesuiten bezogen

Ehrfurcht. Der qualitätsvolle Naturwerkstoff lohnte jahrhundertelang den schwierigen Untertagebau. So ist dieses Gestein noch heute für die Restaurierung des Kölner Doms sehr gefragt. Gefragt waren die Mendiger Basaltkeller um die Jahrhundertwende auch als Kühlhaus der Natur. 28 Brauereien siedelten sich vor Erfindung der technischen Kühlgeräte rund um die Stadt an. Geblieben ist eine.
Auch die Stadt selbst ist vom Basalt geprägt: Die schmucklosen Häuser aus

Hier herrscht Stille, unterbrochen nur durch nistende Vögel im „Paradies": Brunnen und Kreuzgang der Vorhalle in der Abtei Maria Laach.

rarisches Nachspiel hatte dieser Streit in „Wilhelm Meisters Lehrjahre" und „Faust II".
Die Vorbilder für die mächtige Abteikirche Maria Laach, im Jahre 1093 von Pfalzgraf Heinrich II. gegründet, sind unverkennbar die Kaiserdome am Rhein. Wie zwei Burgen liegen sich die Turmgruppen im Westen und Osten der gewaltigen Abteikirche gegenüber. Die quadratischen Türme im Osten haben Speyer als Vorbild, die runden Türme, die den mächtigen Westturm flankieren, Worms und Mainz. Etwas gemildert wird die wuchtige Westfassade durch den später angefügten Vorbau, das Paradies. Lichtdurchflutet zeigt sich hier der kleine, nach oben offene Gar-

wurde. 60 Mönche gehen heute hier dem Gebet und der Arbeit nach. Die Abtei Maria Laach ist dank der Touristen auch ein florierender Wirtschaftsbetrieb mit angeschlossenem Hotel, Buch- und Kunstverlag sowie einer Gärtnerei.
Über Bell, das Dorf der Backofenbauer mit ihrer Geheimsprache „Lebbe Talp", führt der Weg nach Mendig. Nur wenige verstehen und sprechen diese Händlersprache heute noch, die auf der umgekehrten Aussprache des eigentlichen Lautbildes beruht. So heißt das Dorf „Frod", der Hund wird zum „Dnuh". Der Basalt prägt Mendig – über wie unter Tage. Riesige, kathedralenartige Hallen sind durch den unterirdischen Basaltabbau entstanden. Wer das Deutsche Vulkanmuseum besucht, wird über eine lange, schmale Treppe in einen 32 Meter tiefen Stollen geführt, in dem die Mendiger Mühlsteinlava abgebaut wurde. Was bleibt, ist neben einem leichten Frösteln – unter Tage herrschen konstant 7 Grad Celsius – eine Portion

dunklem Basalt, die engen Gassen, die Uniformität der Bauweise erinnern manchen Betrachter an walisische Grubenstädte. Freilich fehlen denen die Zeugnisse der Steinmetzkunst, die man hier in jeder Straße antreffen kann. Besonders gelungen ist das Relief in der Oberstraße, das die Arbeitsvorgänge der Steinmetze verdeutlicht.
Zwei Kilometer südlich von Mendig, in der Fraukirch bei Thür, wird die Genovevalegende figürlich dargestellt. Die soll sich rund um Mayen im 15. Jahrhundert so abgespielt haben: Genoveva, Gattin des Pfalzgrafen Siegfried, lebte auf der Burg zu Mayen. Es kam, wie es kommen mußte: Der Gatte hatte, auf Kriegszug im Orient unterwegs, Hofmeister Golo als Aufpasser Genovevas abgestellt. Was er nicht ahnen konnte: Da wurde der Bock zum Gärtner gemacht. Denn Golo will mehr als nur beschützen, holt sich einen Korb und ist ein schlechter Verlierer. So beschuldigt er Genoveva bei der Rückkehr des Pfalzgrafen, mit dem Koch ein Verhältnis gehabt und ein Kind von ihm bekommen zu haben. Siegfried verbannte seine Frau nebst Kind in den Wald, damit beide von wilden Tieren getötet würden. Jahre später findet er seine Frau mit dem Knaben und erfährt die Wahrheit: Das Kind ist sein eigener Sohn, gezeugt am Tag vor der Abreise. Golos Ende war damit besiegelt: Zum Tode verurteilt, wurde er von vier Ochsen zerrissen.
Seitdem heißt die über dem Marktplatz von Mayen thronende Burg Genovevaburg. Im Jahre 1689 fügten Franzosen der Burg, in der heute das Eifeler Landschaftsmuseum und die Bibliothek des Eifelvereins untergebracht sind, die schlimmsten Schäden zu. Die letzte Besetzung indes verlief friedlich: Schauspieler sind den Burgberg hinaufgezogen, okkupieren seit vielen Jahren jeweils drei Monate im Sommer den romantischen Innenhof für die Burgfestspiele. Die haben alles, was gutes Theater ausmacht: eine fabelhafte Kulisse, gute Stoffe und vor allem ungeteilten Publikumszuspruch. Viele Besucher kommen jedes Jahr zu den Festspielen. Die staunen auch über den schiefen Kirchturm der St. Clemens-Kirche, der konstruktionsbedingt 1,70 Meter aus dem Lot geraten ist, über das historische Rathaus am Marktplatz, über die gut erhaltenen Partien der Stadtmauer. Wer bereits am Nachmittag zu den Festspielen anreist, sollte Abstecher in die Täler von Elz und Nette (zu Schloß Bürresheim) nicht versäumen. Malerisch überragt von der Löwenburg und Philippsburg hat sich Monreal inmitten des engen Elztales sein pittoreskes Ortsbild erhalten. Drei steinerne Brücken über die Elz verbinden die Fachwerkidyllen miteinander.

Aus dem Lot geraten ist die windverdrehte Kirchturmspitze von St. Clemens in Mayen (links).

Über das ganze Maifeld sichtbar: die mächtige Westfassade der ehemaligen Stiftskirche in Münstermaifeld (rechts).

Südlich von Mayen erstreckt sich das Maifeld. Die Landschaft wird hier beinahe kuchentellerflach. Der Wald zieht sich zurück, macht fruchtbaren Ackerböden Platz, die mit Weizen, Kartoffeln und Zuckerrüben bestellt sind. Von Naunheim aus wird aus der Ferne ein mächtiges Gebäude sichtbar. Wie eine Burg thront die Stiftskirche St. Martin und St. Severus in Münstermaifeld mit ihrem gewaltigen Westwerk auf dem Hügel, überschaut das ganze Maifeld. Die Zinnen verraten, daß der Turm nicht nur als Kirchturm genutzt

Monreal bietet Malerwinkel zuhauf. Die schmalen Gassen ziehen sich zu beiden Seiten des engen Elztals entlang, verbunden durch drei alte Bogenbrücken in mittelalterlicher Bruchsteinmauertechnik. Durch die Tuchindustrie kam das Dorf im 18. Jahrhundert zu Wohlstand. Stattliche Fachwerkhäuser mit hohen Giebeln zeugen davon bis heute.

wurde, auch nicht als Ausguck dafür, welche Gläubigen der Kirche fernblieben. Er war auch Wachturm, von dem man jede feindliche Bewegung kilometerweit registrieren konnte. Zu beschützen gab es einiges, eine prunkvolle Stumm-Barockorgel beispielsweise, zudem einen prachtvollen Antwerpener Goldaltar.

Wer die Burg Eltz nicht von der Mosel aus erwandern will, ist in Münstermaifeld, dem „Tor zur Burg Eltz“, gerade richtig. „Hoch, großartig, fremd, düster“ hat sie Victor Hugo empfunden. Auch wenn das Eltz-Motiv vom 500-Mark-Schein verschwunden ist: Sie scheint für die Ewigkeit gebaut. Ein steingewordenes Märchenbuch, das Neuschwanstein der Burgen. Zerstört wurde „die Eltz“ nie. Weder von den Franzosen unter Ludwig XIV., noch Jahrhunderte zuvor unter dem Trierer Erzbischof Balduin. Der ließ zwecks Belagerung eine zweite Burg, die Trutzeltz, errichten. Das Ergebnis ist bekannt: Die Trutzburg ist heute eine Ruine, „die Eltz“ – abgesehen von den Touristen – uneinnehmbar. Dabei ist Burg Eltz streng genommen gar keine typische Burg: Der Bergfried fehlt!

Burg Eltz wurde zwischen dem 12. und dem 17. Jahrhundert von den Grafen von Eltz errichtet und gilt als der Inbegriff deutscher Burgenromantik. Typisch ist sie indes nicht, eher ein architektonischer Sonderfall. Ohne Bergfried und Pallas scheint die Burg, in der mehrere Seitenlinien der Adelsfamilie wohnten, nur aus einer Aneinanderreihung vielgestaltiger Turmbauten zu bestehen. Victor Hugo zeigte sich verblüfft: „Ich habe noch nichts Ähnliches gesehen.“

Fruchtbar ist das Maifeld wie hier bei Polch. In der Kornkammer der südlichen Voreifel dominieren Getreide und Rüben.

Seiner mittelalterlichen Blütezeit verdankt Mayen die Genovevaburg. Heute ist im Inneren das bedeutende Landschaftsmuseum des Eifelvereins untergebracht. Im Sommer haben sich im Innenhof die Burgfestspiele etabliert. Früher zuckten die Einwohner auf dem Marktplatz beim Begriff Eifel unwissend mit den Schultern. Niemand wollte dazugehören. Heute ist das anders. „Tor zur Eifel" heißt ein Slogan, der vom neuen Selbstbewußtsein der Region kündet.

Schwindelfrei muß das Winzerpaar Christa und Klaus Jüngling in der Steillage des Brauneberger Juffer schon sein. Wer hinab ins Tal der Mosel sieht, schaut direkt auf den Fluß. So steil ist es, daß sie die Straße am Rande des Flußufers, die hier Lieser mit Kesten verbindet, nicht einsehen können. Wo sich die Eifel in die Mosel stürzt, wird der Winzer auch und vor allem zum Bergsteiger. Aus Fördermitteln gibt es für diese Plackerei gerade einmal 15 Pfennige Zuschuß pro Quadratmeter. Und die sind an zahlreiche weitere Bedingungen gebunden. Kein Wunder also, daß viele Winzer am Unterlauf der Mosel längst aufgegeben haben.

Damit geht freilich auch ein Stück Verödung der Kulturlandschaft einher. Wie Zahnlücken wirken die verlassenen Rebterrassen. An der Mittelmosel, vor allem zwischen Piesport und Bernkastel-Kues, gibt keiner auf. Groß ist die Zahl der Spitzenweingüter, gewaltig ihre Reputation. Und die gründet sich auf den Riesling. Nirgendwo sonst im Lande reihen sich die Top-Lagen wie Perlen an einer Kette auf, nirgendwo sonst ist die Dichte der Spitzenbetriebe größer. Namen wie Reinhold Haart in Piesport, Fritz Haag in Brauneberg oder Dr. Loosen und Joh. Joh. Prüm in Bernkastel haben in der internationalen Welt des Weines einen hervorragenden Klang. Filigran und feinfruchtig, so hat er zu sein, der Idealtyp des Mosel-Rieslings. Seine Stärke ist der vergleichsweise geringe Alkoholgehalt. Wer Leicht-Wein in die Diskussion bringt, sollte wissen, daß es ihn hier längst gibt.

Vorteil Mosel. Freilich hat soviel Licht auch seine Schattenseiten. In den Ebenen der Flußschleifen mußte in den 70er Jahren das Gemüse den Rebstöcken weichen. Nein, kein Riesling wurde hier angebaut. Denn der braucht viel Sonne und einen langen Herbst. Neuzüchtungen waren der Renner, denen eines gemeinsam war: hohe Erträge und Öchslegrade – bei zu spät erkannter sinkender Akzeptanz des Verbrauchers. Der Riesling-Anteil sank von 80% Mitte der 60er Jahre auf rund 60% herab. So ist folgendes kein Widerspruch: Massenerträge mit durchschnittlich 120 Hektolitern und mehr in der Ebene hier, Riesling-Juwelen vom Schiefer-Steilhang dort. Da haftet bei vielen Verbrauchern dem Moselwein immer noch das Vorurteil vom „Möselchen" wie klebriger Zucker an, während die Wirklichkeit längst weiter und die Fachwelt einig ist: Hier, im Reich der 88 Millionen Rebstöcke, haben einige der weltweit besten Weinerzeuger ihren Sitz. 8000 Winzerbetriebe gibt es an der Mosel, 3000 von ihnen betreiben den Weinbau als Haupterwerb. Die durchschnittliche Betriebsgröße beträgt gerade einmal eineinhalb Hektar. In anderen Weinbauregionen würde das das wirt-

Steiler als an der Mosel – hier bei Zell – sind die Weinberge nirgends in Europa. Optimale Niederschlagsverhältnisse und eine schnelle Erwärmung der Schieferhänge schaffen für die Reben ideale Voraussetzungen. Vor allem der Riesling mehrt den Ruf der Region.

zieht. Der Paulinshof, schon im Jahre 936 erstmals erwähnt, zählt zu den ältesten Weingütern an der Mosel. Jahrhundertelang gehörte er zum Trierer Kirchenstift St. Paulin, ging nach der Säkularisierung durch viele Hände und verfiel, bis sich das Ehepaar Jüngling das Anwesen 1969 selbst zur Hochzeit schenkte. Um eine Kammer wird das Winzerpaar von den Kollegen besonders beneidet: Die Brauneberger Kammer, mit knapp 5000 Quadratmetern eine der kleinsten Einzellagen der Mosel, liegt auf einem Bergrücken unterhalb eines Felsenkopfes inmitten des Juffers. Vorteil dieser exponierten Lage: Die Sonne kommt früher, geht später als anderswo. Die Kammer-Weine wußte auch Thomas Jefferson, dritter Präsident der USA und Verfasser der Unabhängigkeitserklärung, zu schätzen. Er notierte auf einer Legationsreise im April 1788: „Von erster Qualität, unvergleichlich gut." Die Lagenbezeichnung sei römischen Ursprungs, erzählt Klaus Jüngling. „Camerata" bedeute Rebenspalier.

Die Römer, die vor rund 2000 Jahren den Weinbau mit an die Mosel brachten, haben viele Spuren im Tal hinterlassen. Das in Stein gemeißelte Weinschiff in Neumagen-Dhron etwa, Römervillen in Nennig, Longuich und Mehring, alte Kelteranlagen in Erden, Maring-Novinad oder Piesport. Hier entdeckte man 1985 die bislang

In Zeltingen weist die Sonnenuhr – wie auch in Wehlen – den Weg zu den Top-Weinlagen der Mosel. Ganz clever sind die Menschen in Brauneberg: Zur Sommerzeit wird das Zifferblatt ausgewechselt. Verspätungen sind also ausgeschlossen.

schaftliche Aus des Winzers bedeuten. Nur jeder achte Betrieb nennt mehr als fünf Hektar Weinberge sein eigen. Wie das Weingut Paulinshof von Christa und Klaus Jüngling in Kesten. Knapp 50.000 Flaschen füllen sie im Jahr ab. Zu 90% Riesling natürlich, dazu ein wenig Müller-Thurgau und Kerner. Die Weine haben eine feine, ausgeprägte Säure, duften mitunter betörend nach Aprikose und Limone. Den zehnfachen Zeitaufwand hat Christa Jüngling für die Handarbeit im Steilhang im Vergleich zu den Lagen in der Ebene errechnet. Hier erleichtern Traktoren und die maschinelle Lese mit dem Vollernter die Arbeit. Natürlich versucht man auch im Steilhang Zeit einzusparen. Dadurch etwa, daß man Arbeitsgänge wie das Schneiden und Binden der Reben zusammenlegt, oder aber die Weine im Drahtrahmen – anstatt am hier üblichen Einzelpfahl – er-

größte Kelterstation nördlich der Alpen. Errichtet wurde die Anlage im 4. Jahrhundert. Die Größe und Anzahl der Maischebecken läßt Rückschlüsse auf die Menge der verarbeiteten Trauben zu. 50 Hektar dürften es schon gewesen sein.

In Piesport führte die Römerstraße Mainz-Trier erstmals ins Tal der Mosel. Der römische Dichter Decimus Magnus Ausonius beschrieb in seiner „Mosella" den Moselbogen bei Piesport als Amphitheater. Theo Haart, dessen Weingut am Fuße der Kelter am Ausoniusufer liegt, bewirtschaftet 4,6 Hektar. Seit Jahren kämpft er um das Renommee des Piesporter-Goldtröpfchens, eine der Grand-Cru-Lagen der Mosel schlechthin. Frucht, Säure und Süße seiner Weine sind harmonisch und perfekt ausbalanciert. Sie zeigen Noten von schwarzer Johannisbeere, Pfirsich und exotischen Früchten. Da liegen Weinwelten zwischen dem, was aus Haarts Kellern kommt, und dem, was unter der Großlage Michelsberg vor allem als Faßwein zu Dumping-Preisen vermarktet wird und dem Image der Region abträglich ist. Haarts Qualität indes wächst schon im Weinberg. Im Steilhang entscheidet konsequenter Rebschnitt, Laubarbeit und selektive Lese über die Qualität der Moste. Zwar erleichtert die Seilzugtechnik die menschliche Arbeit auf den Schiefer-Abgründen, doch die läßt sich nur in flurbereinigten Stücken anwenden. Haart: „Für Knochenarbeit außerhalb flurbereinigter Parzellen sind kaum noch Arbeitskräfte zu finden." Und: „Einen gerechten Preis für Steillagenweine zu erreichen, wird in Zukunft das größte Problem sein."

Davon unbeeindruckt fließt die Mosel in schwungvollen Schleifen dem Rhein entgegen. Hinter jeder Biegung wartet ein neuer, überraschender Blick auf Weinberge, die beständig die Uferseite wechseln,

und schmucke Dörfer. Reben überall. Fast 250 Kilometer legt der Strom zwischen Eifel und Hunsrück zurück, um eine Strecke von 150 Kilometer Luftlinie zu überwinden. Es liegt also nicht nur am Wein, daß man Schlangenlinien fährt. Morgens, wenn die Busse der Tagestouristen noch nicht da, die weißen Ausflugsschiffe noch am Kai vertäut sind, sich der Morgennebel über dem Strom lichtet, dann ist die Mosel am schönsten. Vorbei an Bernkastel-Kues und dem Cusanus-Stift, vorbei an Traben-Trarbach mit seinen Jugendstilbauten und der Grevenburg, an Zell mit seiner „Schwarzen Katz", flußabwärts nach Cochem mit seiner stolzen Reichsburg, vorbei an den steilsten Weinbergen Europas in Bremm und Winningen, der Burg Arras bei Alf. Ungezählt die kleinen, verschwiegenen Orte entlang des Flusses, die meist eng an die steilen Uferhänge geschmiegt sind.

In Bernkastel-Wehlen zieht es uns am Nachmittag, vorbei an Kloster Machern, die Serpentinen hinauf nach Wittlich zurück in die Eifel. Man braucht nicht Geologe zu sein, um festzustellen: Hier beginnt neues Land. Zwischen Hupperather Höhe und den blaugrauen Moselbergen breitet sich eine gut fünf Kilometer breite,

In kaum einer deutschen Weinregion liegen Glanz und Elend enger beisammen. Für die ambitionierte Weinkritik gilt die Mosel als Maßstab, wie ein feinfruchtiger, filigraner Steillagen-Riesling zu schmecken hat. Zügellose Massenerzeugung von Neuzüchtungen ist die Kehrseite der Medaille. Ob sich Kröv mit einer Lage wie „Nacktarsch" einen Gefallen getan hat, steht dahin. Bekannt wurde man so allemal.

30 Kilometer lange Talwanne aus. Wo ist der Fluß, der diese Senke geschaffen hat? Die Lieser scheint zu klein, die Salm auch. Besonders eindrucksvoll öffnet sich die Talwanne, wenn man über die Autobahn Koblenz-Trier aus der Vulkaneifel kommend gleichsam in die Wittlicher Senke einschwebt.

Die Böden sind fruchtbar, auch hier wächst Wein. Und Tabak! Tabakschuppen, wie wir sie aus der Südpfalz kennen, wirken fremd in dieser Landschaft. Elf Betriebe teilen sich 30 Hektar Anbaufläche. Auch hier spielen, wie beim Wein, genossenschaftliche Zusammenschlüsse eine große Rolle.

Früh wurde Wittlich besiedelt, Kelten und Römer hinterließen bis heute ihre Spuren. Das alte Rathaus am Marktplatz ist der stadtbildprägende Blickfang, eines der eindrucksvollsten Bauten der deutschen Spätrenaissance. Alljährlich, am dritten Wochenende im August, lassen die Einwohner die Sau raus: Es ist Säubrennerkirmes, und durch die Straßen zieht der Duft der am Spieß gebratenen Schweine. Das kam so: Bei der Belagerung Wittlichs durch Ritter Friedrich von Ehrenburg anno 1397 soll ein Nachtwächter den Riegel des Stadttors statt mit dem üblichen Bolzen mit einer Rübe verschlossen haben. Die wurde aber von einer streunenden Sau – mit leerem Magen und zu allem bereit – aufgefressen. Das Tor war nicht länger gesichert, der Feind hatte leichtes Spiel und freie Bahn. Zur Strafe wurden durch Beschluß des Stadtrats alle Schweine der Stadt in ein Feuer getrieben und verbrannt. So haben die Schweine in Wittlich bis heute nicht viel zu lachen: Entweder sie werden auf dem Viehmarkt verkauft oder auf der Säubrennerkirmes gebraten. Arme Schweine.

In der Burgenromantik steht die Mosel der Ahr und dem Rhein kaum nach: Burg Cochem.

Wittlich, hier das Rathaus, liegt an der Grenze zwischen Wald und Wein. Der eher herbe Charakter des Vulkanberglandes macht dem milden Klima des nahen Moseltals Platz. Vor den Toren der Stadt gedeihen Tabak und Wein.

So idyllisch wie hier in Beilstein präsentiert sich die Mosel nicht immer. Wenn im Frühjahr reichlich Niederschläge mit der Schneeschmelze in Eifel und Hunsrück zusammentreffen, wird die so lieblich besungene Mosella zum reißenden Strom. Winzerdörfer sind mitunter tagelang von der Außenwelt abgeschnitten. Die Bewohner flüchten ohne Licht und Strom in die oberen Stockwerke, weil ihnen das Wasser dann sprichwörtlich bis zum Halse steht.

Die Lagenabgrenzungen im Weingesetz von 1971 wurden weniger nach geologischen oder geschmacklichen Kriterien, sondern aus Marketinggründen vollzogen. Das ist in Winningen, an der Terrassenmosel kurz vor Koblenz, nicht anders. Der Riesling in den Lagen Hamm, Brückstück und Domgarten probiert sich feinduftig und filigran – ohne große Lagenunterschiede. Anders die Spitzenlagen Röttgen und Uhlen: Im Röttgen sind die Terrassen extrem steil, die Weine pfirsichbetont. An Herbstfrüchte und Pflaumen erinnern die sehr mineralischen Weine aus der Lage Uhlen.

bierstube
Uhlen
Weinhex
Domgarten

Adressen
Eine Portion Pioniergeist gehört schon dazu, um sich die touristischen Ziele und Sehenswürdigkeiten der Eifel zu erschließen. In den Vordergrund drängen sie sich nicht. Sie wollen entdeckt werden. Dabei hilft die zentrale Buchungsstelle Eifel Tourismus GmbH in Prüm (Kalvarienbergstr. 1, 54595 Prüm, Tel. 0 65 51/9 65 60, www.eifel.info).

Zu den Ausflugszielen der Eifel schlechthin zählen Maria Laach und die Burg Eltz. Hierüber sowie über Mayen, Mendig und die Sehenswürdigkeiten auf dem Maifeld informiert die Rhein-Mosel-Eifel-Touristik (Bahnhofstr. 9, 56068 Koblenz, Tel. 02 61/10 84 19, www.remet.de).

Im Norden schließt sich das Ahrtal an, für das das Ahr Rhein Eifel Touristik und Service Center (Felix-Rütten-Str. 2, 53474 Bad Neuenahr-Ahrweiler, Tel. 0 26 41/9 77 30, www.wohlsein365.de) zuständig ist. Hier gibt es auch Informationen zum Nürburgring (Nürburgring-Kartenverkauf: Tel. 0 26 91/30 26 20).

Informationen auf Länderebene sind über die Rheinland-Pfalz Tourismus GmbH (Löhrstr. 103–105, 56068 Koblenz, Tel. 02 61/91 52 00, www.rlp-info.de) bzw. für den NRW-Bereich über den Landesverkehrsverband Rheinland (Ottoplatz 2, 50679 Köln, Tel. 02 21/8 09 76 70, www.rheinland-info.de) zu erhalten.

Als „Lobby für die Eifel" versteht sich der Eifelverein. Er kümmert sich mit seinen 30.000 Mitgliedern einflußreich um den Erhalt der Kultur- wie Naturlandschaft, gibt Wanderkarten und ein umfangreiches Schrifttum heraus (Eifelverein, Stürtzstr. 2–6, 52349 Düren, Tel. 0 24 21/1 31 21, www.eifelverein.de).

Aachen
Badeort der Römer und Lieblingspfalz Karls des Großen. In Aachen ist die Geschichte auf Schritt und Tritt spürbar. Über die westlichste und unternehmerfreundlichste Großstadt Deutschlands informiert die aachen tourist information (Informationsbüro Elisenbrunnen, 52062 Aachen, 02 41/1 80 29 60, www.aachen.de).
Reich ist die Museumslandschaft: Das Suermondt-Ludwig-Museum (Wilhelmstr. 18, 52070 Aachen, Tel. 02 41/47 98 00, www.suermondt-ludwig-museum.de) führt von der Moderne zurück zur Antike mit Schwerpunkten im 17. Jahrhundert.
Zeitgenössischer Kunst in all ihren Formen widmet sich das Ludwig-Forum für Internationale Kunst (Jülicher Str. 97–109, 52070 Aachen, Tel. 02 41/1 80 71 12, www.ludwigforum.de).
Ferner: Internationales Zeitungsmuseum (Pontstr. 13, 52062 Aachen, Tel. 02 41/4 32 45 08, www.izm.de) sowie Couven-Museum (Hühnermarkt 17, 52062 Aachen, Tel. 02 41/4 32 44 21, www.couven-museum.de) mit einem Rundgang durch die Aachener Wohnkultur.

Burgen
Weit über 100 Burgen und Schlösser zeugen von der wehrhaften Vergangenheit der Eifel. Der Kreis Euskirchen kommt allein auf 24 und gilt damit als burgenreichster Kreis in Deutschland. Man findet sie in Bachtälern (wie Schloß Bürresheim im Nettetal), auf Bergrücken (wie die Burgdörfer Kronenburg und Reifferscheid) oder da, wo man es gar nicht vermutet (Oberehe).

Das Sinnbild deutscher Burgenromantik wurde im Eltztal wohl für die Ewigkeit gebaut: Burg Eltz. Acht Wohntürme gruppieren sich um den Innenhof dieser Ganerbenburg (Ganerbe = Miterbe), in der zeitweilig bis zu 100 Familienmitglieder der gräflichen Familie von Eltz wohnten. Zerstört wurde sie nie. So vermittelt die informative Führung einen Rundgang durch 800 Jahre Kulturgeschichte (Burg Eltz, 56294 Münstermaifeld, Tel. 0 26 72/95 05 00, www.burg-eltz.de).

Burg Pyrmont, 1225 erstmals erwähnt, beherrscht mit ihrem mächtigen Bergfried das von schroffen Felspartien geprägte Eltztal. Nach wechselvoller Geschichte ist die Burg heute liebevoll restauriert und in Privatbesitz. Zur Besichtigung lohnen neben der Burg vor allem das malerische Ensemble mit Mühle und Wasserfall am Fuße der Anlage (Burg Pyrmont, 56754 Roes, Tel. 0 26 72/23 45, www.burg-pyrmont.de).

Ein eindrucksvolles Ensemble bieten die Ober- und Niederburg bei Manderscheid im Liesertal (54531 Niedermanderscheid, Tel. 0 65 72/7 37, www.niederburg-manderscheid.de). Die größere Niederburg befindet sich im Besitz des Eifelvereins und wird von ihm betreut. Sagenhaft sind die Genovevaburg in Mayen (Tel. 0 26 51/90 30 04) und die Bertrada-Burg in Mürlenbach (Burgring13–15, 54570 Mürlenbach, Tel. 0 65 94/8 64). Die Urgroßmutter Karls des Großen lebte hier, und so mancher sähe hier auch am liebsten die Kaiser-Wiege. Eine Geburtsurkunde, die das Gegenteil beweist, gibt es jedenfalls nicht.

Dialekt
Einen einheitlichen Eifler Dialekt sucht man vergeblich. Die zwei Hauptströmungen sind das Moselfränkische und das Rheinische. Während ihrer Besatzungszeit vor rund 2000 Jahren teilten die Römer die Eifel in Provinzen auf. Die Grenze zwischen Nieder- und Obergermanien bildete der Vinxtbach (von fines: Grenze) zwischen Ahr- und Brohltal. Noch heute bildet er eine Sprachscheide.

Ferschweiler Plateau
Acht Kilometer lang, vier Kilometer breit: Die Naturfestung Ferschweiler Plateau ist die Attraktion der Südeifel. In jeder Hinsicht: historisch und prähistorisch, geologisch, botanisch und kulturgeschichtlich. An drei Seiten ist die Hochfläche durch die steil abfallenden Felsen in die Täler von Sauer und Prüm geschützt, an der vierten schließlich türmen sich vorgeschichtliche Wälle auf.

Grenzgänge
Nicht nur in Aachen denkt man europäisch. Daß der Landschaftsraum nicht an den Grenzen haltmacht, daß es auch historisch mit Belgien (Hohes Venn, Eupen, Malmedy, Burg Raeren) und Luxemburg (Echternach, Vianden) Gemeinsamkeiten gibt, dokumentieren der deutsch-belgische sowie der deutsch-luxemburgische Naturpark. Über den Nordosten Luxemburgs informiert das Luxemburgische Verkehrsamt (Bismarckstr. 23–27, 41061 Mönchengladbach, Tel. 0 21 61/20 88 88, www.ont.lu), über die belgischen Ostkantone das Verkehrsamt der Ostkantone (Mühlenbachstr. 2, B-4780 St. Vith, Tel. 00 32 80/22 76 64, www.eastbelgium.com).

Hohes Venn
200.000 Besucher zieht das Venn, das auf belgischer Seite am typischsten ist, im Jahr an. Für die Naturkundler ist es ein Eldorado des Naturschutzes, für die Städter ein letztes Stück „wilde Natur". Damit dies auch so bleibt, wird der Zugang gesteuert. Die B-Zone dürfen Wanderer auf den ausgewiesenen Wanderwegen frei betreten, die C-Zone indes, in der sich die Ruhezone und Brutplätze der Vögel (Birkhuhn) befinden, darf nur mit einem anerkannten Wanderführer betreten werden. Auskünfte erteilt das Naturparkzentrum Botrange (Route de Botrange 131, B-4950 Robertville, Tel. 00 32 80/44 03 00, www.centrenaturebotrange.be).

Klima
Das Vorurteil stimmt: Die Eifel ist niederschlagsreich. Im Nordwesten stauen sich die Regenwolken am Hohen Venn und an der Schneifel. Im Süden und Südosten ist es trockener und wärmer. Das reicht jedenfalls, um in Wittlich Tabak und Wein anzubauen.
„Rheinisch Sibirien": Zumindest für die Schneifel ist da was dran, auch wenn die früheren 60 schneesicheren Tage längst der Schnee von gestern sind. Die Jahresdurchschnittstemperatur beträgt gerade einmal 6 °C, die Niederschlagsmenge beachtliche 1100 Milliliter per anno. Auf dem Maifeld nahe Koblenz fällt hingegen nur die Hälfte des Niederschlags. Dafür ist es im Jahresmittel beinahe doppelt so warm. Da die Luft am Rande der Eifel hochsteigen muß, weht über den Hochflächen oft ein kräftiger Wind. In den Tälern merkt man davon kaum etwas. Ob Sonne oder Regen, entscheidend ist die Bodenbeschaffenheit. Und da sind Wanderschuhe zu jeder Jahreszeit, bei jedem Wetter zu empfehlen.

Kylltal
Die 142 Kilometer lange Kyll ist das Hauptgewässer der Eifel. Auf ihrem Weg vom Losheimer Wald an der Grenze zu Belgien bis zur Mündung in die Mosel bei Trier überwindet sie ein Gefälle von 540 Metern. Sie gilt als ein „Flüßchen zum Träumen", ist ungemein fischreich und sauber. Schenkt man Sebastian Münster (1488–1552) Glauben, so wuchsen an ihren Ufern einst gar Melonen: „Gerolstein möcht es zu Sommers zeiten vergleicht werden Italiae/seiner Sommerfrüchte halben: dann es bringt Melonen."

Maare
Die Bezeichnung Maar ist der volkstümliche Ausdruck für eine trichterartige Vertiefung in der Erdoberfläche, die von einem niedrigen Aschenwall umgeben ist. Entstanden sind die Maare durch vulkanische Tätigkeit. Genauer: Liegt die Förderspalte für Magma in einem Tal – und das ist fast immer der Fall –, trifft das aufsteigende heiße Magma auf Grundwasser. An der Kontaktstelle, einige hundert Meter unter der Erdoberfläche, kommt es zu einer energiereichen Wasserdampfexplosion, durch die ein Trichter zur Erdoberfläche freigesprengt wird. Magmatisches Material wird ausgeworfen und lagert sich am Kraterrand ab. Nachgewiesen wurden in der Westeifel bislang 60 Maare, von denen acht mit Wasser gefüllt sind. Kein Maar indes ist der Kratersee Windsborn auf dem Mosenberg. Hier spuckte das Feuer gewaltig an der Oberfläche, während die Maare unterirdisch entstanden.

Museen
Heimatmuseen gibt es allerorts. Etwa in Bad Münstereifel, Bitburg, Blankenheim, Daun, Gerolstein, Prüm und Zülpich. Die nachfolgende Aufzählung beschränkt sich daher auf überregional ausstrahlende Ausstellungshäuser oder besonders skurrile Ausstellungsobjekte.

53945 Blankenheim
Historisches Karnevalmuseum im Georgstor (Tel. 0 24 49/70 59)

54550 Daun
Eifel-Vulkanmuseum: Schautafeln, Exponate und Karten erläutern den allgemeinen und den Eifel-Vulkanismus. Modelle und Computermodelle laden u. a. dazu ein, Kontinentalplatten driften zu lassen oder einen Magma-Ausbruch zu simulieren (Leopoldstr. 9, Tel. 0 65 92/98 53 53).

54568 Gerolstein
Naturkundemuseum im Alten Rathaus mit einer großen Mineraliensammlung und vielfältigen Informationen zum Thema Wald (Hauptstr. 42, Tel. 0 65 91/1 31 80).

Altertumsmuseum/Villa Sarabodis mit Funden aus der Kelten- und Römerzeit (Sarresdorfer Straße, 54568 Gerolstein, Tel. 0 65 91/1 31 80).

53940 Hellenthal-Losheim
Krippana, internationale Krippenschau (Prümer Str. 55, Tel. 0 65 57/8 66, www.ardenner-center.net).

54584 Jünkerath
Eisenmuseum mit Geschichte der Eifeler Eisenindustrie (Römerwall 12, Tel. 0 65 97/14 82, www.vulkaneifel.de/eisenmuseum).

56653 Maria Laach
Naturkundemuseum (Tel. 0 26 52/47 85, www.naturkundemuseum-maria-laach.de). Auf über 1000 Quadratmetern Fläche zeigt Präparator Klaus Ullenbruch in unmittelbarer Nachbarschaft zur Abtei Säugetiere, Vögel und Insekten in zahlreichen Dioramen. Große Stein- und Mineraliensammlung.

56727 Mayen
Das Eifelmuseum in der Genovevaburg und an weiteren Stationen auf der Museumsroute informiert über Entwicklung, Geschichte und Kultur der Eifel (Tel. 0 26 51/90 30 04).

53894 Mechernich-Kommern
Rheinisches Freilichtmuseum mit der Rekonstruktion von Bauernhäusern und Handwerks-Demonstrationen (Auf dem Kahlenbusch, Tel. 0 24 43/9 98 00, www.kommern.lvr.de).

56743 Mendig
Deutsches Vulkanmuseum für Vulkanismus und Geologie mit großer Mineraliensammlung und Führung in die unterirdischen Basaltkeller (Brauerstr. 5, Tel. 0 26 52/42 42, www.vulkane.de).

52156 Monschau
Rotes Haus mit bürgerlicher Wohnkultur von 1750 bis 1820 (Laufenstr. 10, Tel. 0 24 72/50 71).

54570 Neroth
Mausefallen-Museum (Mühlenweg, Tel. 0 65 91/58 22 oder 47 52, www.neroth.de/museum).

53947 Nettersheim
Naturzentrum Eifel mit Darstellung der Lebensräume Wald, Moor, Fließgewässer und Dorfökologie (Römerplatz 8–10, Tel. 0 24 86/12 46).

52385 Nideggen
Rheinisches Burgenmuseum Burg Nideggen (Tel. 0 24 27/ 63 40).

53520 Nürburg
Rennsportmuseum Nürburgring mit Geschichte und Geschichten rund um die „grüne Hölle der Eifel" (Tel. 0 26 91/30 21 47).

Nationalpark Eifel
Seit dem 1. Januar 2004 hat das Land Nordrhein-Westfalen einen Nationalpark. Mit diesem Park, der im Mittelgebirge der Nordeifel gelegen und circa 11.000 Hektar groß ist, wird besonders wertvoller Naturraum wirksam geschützt (Nationalparkforstamt Eifel, Urftseestr. 34, 53937 Schleiden-Gemünd, www.nationalpark-eifel.de).

Rurtalsperre
Acht Quadratkilometer Wasserfläche machen die Rurtalsperre zur zweitgrößten im Land. Inklusive Obersee, dem Trinkwasser-Vorstau, dehnt sie sich rund 20 Kilometer lang fjordähnlich aus (Fahrplanauskunft unter Tel. 0 24 46/4 79 und www.rurseeschiffahrt.de).

Senf
Geht es ums Essen, gibt Guido Breuer seinen Senf dazu. Kein Senf von der Stange wird hier produziert, vielmehr ein Genuß, den Homöopathen auch gegen Magenkalamitäten verschreiben. Breuers historische Senfmühle existiert seit dem Jahre 1882 (Senfmüller Guido Breuer, Laufenstr. 116–124, 52156 Monschau, Tel. 0 24 72/22 45, www.senfmuehle.de).

Wildstraße
Die 180 Kilometer lange Deutsche Wildstraße führt die Reisenden nicht nur zu den Wildparks in Gerolstein, Daun, Klotten und Gondorf, sondern auch durch die Wälder der Vulkaneifel. Auf einer der schönsten Stauferburgen des Landes, der Kasselburg bei Gerolstein, hat der gleichnamige Adler- und Wolfspark (Tel. 0 65 91/42 13, www.adler-wolfspark.de) seine Heimat. Nach der Fütterung der Wölfe zeigt ein Falkner Flugvorführungen mit Adlern und Falken. Der Hirsch- und Saupark Daun führt acht Kilometer durch den Bestand von Rot-, Dam- und Schwarzwild (Mainzerstr. 11, 54550 Daun, Tel. 0 65 92/31 54, www.wildpark-daun.de).
Europas größte Bärenschlucht ist im Eifelpark Gondorf bei Bitburg beheimatet (Weiße Str. 12, 54647 Gondorf, Tel. 0 65 65/95 66 33, www.eifelpark.de).

Weitere Informationen erhalten Sie auf den Internetseiten der Städte.

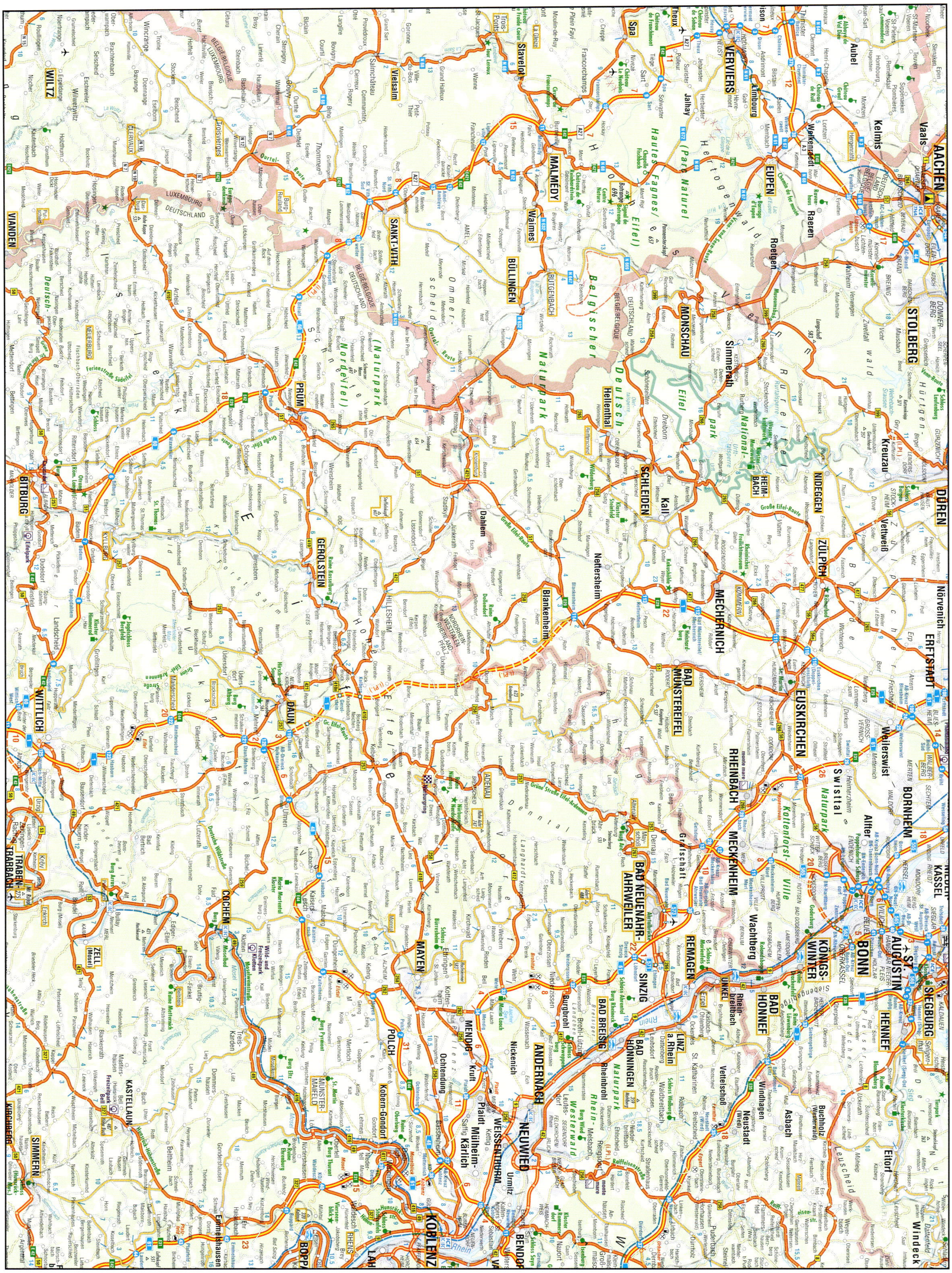
AACHEN
STOLBERG
DÜREN
EUPEN
MONSCHAU
SCHLEIDEN
ZÜLPICH
EUSKIRCHEN
ERFTSTADT
BONN
SIEGBURG
KÖNIGSWINTER
BAD HONNEF
REMAGEN
SINZIG
ANDERNACH
NEUWIED
KOBLENZ
MAYEN
COCHEM
DAUN
GEROLSTEIN
PRÜM
BITBURG
WITTLICH
VIANDEN
WILTZ
SANKT-VITH
MALMEDY
VERVIERS
SPA
STAVELOT
BÜLLINGEN
BAD MÜNSTEREIFEL
MECHERNICH
RHEINBACH
MECKENHEIM
BAD NEUENAHR-AHRWEILER
ZELL (Mosel)
KASTELLAUN
SIMMERN
HENNEF
BORNHEIM